L'Holoca

Roman Contemporain

Ernest La Jeunesse

Alpha Editions

This edition published in 2023

ISBN : 9789357964821

Design and Setting By
Alpha Editions
www.alphaedis.com
Email - info@alphaedis.com

Contents

I

LE PREMIER CHAPITRE, VRAIMENT

A ma porte, c'est un bruit d'ailes.

Ailes qui hésitent, ailes qui insistent, ailes qui se glacent au bois glacé de ma porte comme les ailes des mouettes se caressent au froufrou ridé de la mer, ailes qui se mouillent, qui se gèlent, qui se blessent délicieusement à un océan de perdition, ailes qui veulent se blesser assez pour n'être plus, pour pendre inertes, inutiles, lent canevas de légèreté, de blancheur et d'azur, ailes qui frémissent d'une nostalgie d'humilité, de néant.

Et ce sont des mains aussi qui errent à ma porte, comme pour essuyer le souvenir de toutes les mains qui s'y sont posées, comme pour en faire une porte toute neuve, la porte neuve d'un temple neuf.

Ma clef tourne sans grincer: son de patins d'argent sur une nappe d'argent à peine durci, murmure d'une barque bleue sur un lac nocturne,— et la porte glisse, s'entr'ouvre—presque pas,—se referme en un soupir complice, en un soupir de bon augure et de promesse et ce sont des ailes encore qui viennent vers moi.

Ailes tendues, bras qui se jettent en avant pour étreindre plus vite, pour prendre plus tôt tout ce qu'il y a de baisers, d'étreintes, de tendresse, de passion, de ferveur dans cette chambre et dans l'univers.

Une femme...

Une femme? Pourquoi faire le malin envers toi-même? Il n'y a personne ici que toi et ton amour.

Une femme! c'est ta femme, ta seule femme, la seule femme qui soit et qui ne soit pas—tant elle est belle et haute, tant elle est pure et grande, c'est ton espoir, ton souhait, ton idéal, celle dont tu avais fait tellement ton rêve et ton paradis que tu en avais fait ton deuil, celle que, secrètement, sans même te l'avouer, pour ne pas devenir plus ardent et plus triste, tu évoquais chaque soir et invoquais chaque matin; c'est ton avenir, c'est ta vie, c'est tout toi et c'est ce qui vaut mieux que toi, c'est ton lointain, ta déesse, ton Dieu et ton éternité, c'est ton infini qui s'avance les bras avides et câlins.

C'est le geste qu'elle a dû avoir jadis lorsqu'elle allait à son père, à sa mère, à ses grands parents pour happer, entre leurs soucis, leur affection et leur émotion, pour cueillir des sourires parmi leur fièvre, et pour leur offrir de la jeunesse, de l'innocence, un refuge d'enfance et de cajolerie. Elle levait un peu plus les bras parce qu'elle était une fillette, une fillette pour missel anglais et pour conte moral, une fillette pour rondes et pour litanies de nourrices.

Et c'est toujours une fillette, une fillette toute menue et toute sainte qui sort de son livre d'images, de son livre de prières pour m'apporter en ses bras tendus l'élixir d'utopie et la fleur des légendes, pour m'apporter du ciel coulé dans un baiser et qui m'apporte le baiser aussi, comme une brave petite fille.

Lève un peu plus les bras, petite, lève-les comme jadis: je suis très grand, je suis grandi de tous mes désespoirs...

Oui, te voilà.

Te voilà qui viens, mon espoir, mais c'est parce que tu viens, c'est parce que tu es là que mes désespoirs reviennent avec toi qui les causas, qui les réchauffas de ta beauté; les désespoirs ont leur chant du cygne; ils chantent: Nous reviendrons, nous revenons.

Chasse-les de tes cheveux dénoués, mon amour, et, puisque tu es tout délice, chasse cette amertume que je connais, cette amertume qui me saisit et qui ne m'a jamais abandonné.

Tristesse, amertume, désespoirs, ce n'est pas l'heure; *il faut* que je sois heureux, il le faut, entendez-vous?

Et je serai heureux malgré vous.

Ne tends plus les bras, chérie, tes bras qui déjà se penchent comme s'ils avaient un enfant à amuser sur le tapis: je me suis jeté dans tes bras, je me suis jeté sur ta bouche et la tiédeur de ton manteau me froisse les joues et j'ai des mailles de ta voilette aux dents.

J'avais les plus beaux discours dans le gosier tout à l'heure, pendant l'heure et l'autre heure que j'ai perdues à t'attendre.

Heures perdues? Non.

Ce sont des heures qui se multiplient, qui se doublent, qui se triplent et qui se détachent de la vie, simplement, comme les pétales d'une rose. Ce sont des heures qui s'en vont parce que tu ne viens pas, chérie, qui s'en vont, qui s'en vont, après avoir fait un petit tour, un petit tour au cadran, puis un grand tour et tant de tours! comme les tourbillons dans l'eau, qui se creusent, qui se cerclent, se cernent, s'affolent et vous affolent.

Et les beaux discours que j'avais au gosier, les discours que j'avais à l'âme s'en sont allés avec les heures: c'est de la perfection qui ne se parfait pas, et je les regrette un peu car leur rythme m'enveloppait d'un manteau de printemps et d'un manteau doré d'automne, et leur profondeur, chérie! ah! leur profondeur, c'était la métaphysique de l'amour.

Il ne m'en demeure rien qu'un mot, le mot: «chérie».

Je le répète, je te le répète:

«...chérie, chérie...»

Et tu me réponds: «mon chéri.»

C'est simple.

Je sens bien que c'est le plus simple mot du monde, qu'il tient tout en lui et que mon beau discours tremble et flotte dans ce mot, comme un discours vide.

«...chérie, chérie...»

C'est un mot qui ne me paraît pas français, qui m'apparaît étrange, avec des lueurs italiennes, des reflets indiens, et je ne sais quelle ombre du gazouillis des oiseaux. «Chérie, chérie», c'est un mot qui s'infléchit, qui tourne, qui se courbe, qui enserre toutes les littératures et toutes les langues, toutes les sensibilités et toutes les passions, tous les émois et toutes les mers, comme deux mains qui entourent une taille, comme deux arbres qui se joignent au-dessus d'un berceau. «Chérie», c'est un mot qui porte avec soi un serment et une caresse, qui proclame, qui affirme sa foi et qui a peur, pour l'objet aimé. Et ce serait pour pas cher un de ces prénoms anglais qui traînent avec un cerceau sur les feuilles mortes des jardins publics.

Mais je m'écoute parler ou ne pas parler.

Parlons de toi, chérie—ou plutôt parle.

Tu parles. Tu dis: «Je t'aime.»

C'est une convention tacite.

Tu as lu en mon pauvre cœur, en mon cœur de pauvre. Tu sais qu'on m'a peu aimé et que j'en ai souffert et tu veux m'aimer plus de n'avoir pas été aimé, et tu veux me donner à chaque fois la joie du mendiant qui trouve un trésor.

Et tu me dis aussi: «Je t'aime»,

parce que tu m'aimes.

Et je te dis: «Je t'aime».

Aime-moi. Je te permets de m'aimer. Je t'en prie. C'est une licence que j'ai peu accordée en ma vie. Tout le monde n'a pas le droit de m'aimer: je craindrais de cet amour un rayon de vulgarité, le choc en retour du coup de foudre, le choc qui fêle et qui anéantit.

Toi, je t'ai élue entre toutes les femmes.

Ne suppose pas que tu as tissé notre amour de ton amour: c'est moi qui t'ai contrainte à m'aimer, qui t'ai aimée lentement, longuement. J'ai hésité devant toi et devant mon désir, puis je t'ai désirée—et te voici, mon amour. Tu m'aimes? je t'aime. C'est une chanson. Tout finit par des chansons.

Finissons; commençons plutôt.

C'est le début de notre existence à deux, le début de notre nouvelle existence, c'est l'ère de notre félicité. Réjouis-toi, chérie.

Soyons graves aussi, car c'est la plus grave, la plus religieuse des communions.

Ta bouche vient cueillir sur ma bouche un nouveau «chérie» ou un nouveau «Je t'aime». Elle l'y prend. Elle m'enlève les mailles de la voilette.

Tu souris, tu rougis. «J'aurais dû songer à la relever.»

Et tu as honte, comme Ève et comme Adam lorsque près de s'évader par la grande porte, la porte du Péché, de leur Paradis terrestre, ils s'aperçurent qu'ils étaient nus:

Tu viens de t'apercevoir que tu es habillée.

N'aie pas honte, chérie. Tu es très bien comme ça, c'est comme ça que je t'ai aimée, c'est comme ça que j'ai senti que tu m'étais nécessaire et fatale et c'est avec cette robe que tu entras pour l'emplir, dans le paysage de mon âme.

Tu interroges des yeux les murs de cette chambre.

Tu les connais.

Tu es déjà venue ici.

Nous nous sommes rencontrés en voiture, il est vrai, la première fois, lorsque tu retombas dans cette ville et dans mon amour. C'était une concession que nous faisions aux usages établis. Mais la voiture se transforma et les pavés aussi et ce fut une promenade parmi une cité imprévue car le cocher prit des rues, des avenues et des boulevards qui, la brume s'épaississant, semblaient sortir des limbes pour précéder notre amour et pour courir derrière lui.

Et nous descendîmes de cette voiture de mystère à la porte d'une gare.

En notre promenade parmi les quartiers vieillis, les quartiers usés de prières et de misères et où les églises se dressent tout à coup pour engouffrer un peu plus de détresse, un peu plus de supplication, il nous arriva d'entrer dans une rue où tu entras enfant et de rencontrer à un coin de rue le couvent où tu avais enterré tes derniers balbutiements et essayé tes premières robes courtes.

Tu n'as eu aucun trouble devant ta prime enfance, devant ta pureté qui frémit encore derrière les vieux murs et nous avons erré, très jeunes, plus jeunes de nous rappeler notre jeunesse et mettant en notre ardeur et notre fraternité toute la pureté de tes jeunes ans, toute mon innocence, nos cheveux de bébés et nos mains myopes de quatre ans.

L'extrême automne toussait dans les arbres, l'extrême automne se couchait sur les grilles du Luxembourg, car nous avions été très loin pour fuir notre passé, pour fuir notre présent, pour être seuls, pour être nous-mêmes, pour n'avoir pas d'autre patrie que notre passion, pour n'avoir pas d'autre ami que notre secret.

Et tu me dis: «Quel dommage! Les grilles sont fermées!»

Arbres pâlis, arbres amaigris, arbres dont les feuilles avaient la couleur d'une crème tournée, arbres mélancoliques, nous regrettions votre alignement un peu troublé, sur le tard, par vos courbatures et vos lassitudes: nous aurions voulu vous consoler des amours fugitives que vous aviez abritées, nous aurions voulu promener sous votre fièvre glacée l'éternité, la puérilité, la simplicité de notre amour, nous aurions voulu être votre dernier sourire, le souvenir dont vous enchantez votre hiver.

Et vous, bustes, et vous, statues, nous aurions voulu vous donner un peu de vie, oh! non de cette vie inquiète, impatiente, artificielle, que les tavernes d'alentour vous jettent à certaines heures, mais une vie d'une belle ligne, d'une chaleur parfaite, une vie classique d'attendrissement, de rêverie, de constance et de fermeté dans l'idéal.

C'est par-dessus les grilles que doucement, timidement, nous vous adressâmes le souffle de notre sympathie et l'arome de notre baiser.

Quartiers archaïques, maisons noires et maisons grises, nous ne vous fîmes pas peur de notre férocité. Nous eûmes un amour respectueux et sans date, l'amour que vous aviez connu au temps où l'on savait aimer et où l'on savait être aimée, un amour d'attente et de fidélité, un amour de discrétion, de tact et de délicatesse, un amour de fatalité. Et je t'avais, en chemin, mon amie, remis la clef de cet appartement en rougissant tellement que tu ne t'en étais pas aperçue. Je t'avais glissé l'adresse en un écho de caresse—et tu rappelas la caresse.

Tu vis cette chambre en l'horreur de son papier de tenture, en l'horreur de son parquet écorché. Trois chaises que j'avais achetées—par pudeur—indiquaient clairement que ce n'était pas «une chambre meublée».

Nous habillâmes les murs d'affectueux babil, nous couvrîmes le plancher des fleurs d'un tapis d'étreintes, des entrelacs d'un tapis de baisers. Et tu revins.

Tu t'étonnas d'un fauteuil, d'un autre fauteuil et d'une table.

Je tâchais à être riche.

Puis je t'attendis vainement—parce qu'il y avait du monde.

Du monde qui te haïssait pour me haïr, du monde qui te suivait sans mandat, qui t'espionnait par désintéressement, qui te harcelait de lettres anonymes—par devoir.

Et la chambre fut veuve, de toi, de moi, de notre amour blessé qui boitillait parmi les grands magasins, parmi les rues et parmi les soleils mourants.

Et te revoici aujourd'hui.

Tu as laissé les lettres anonymes à la porte, à ma porte où des ailes, à toi, ont effacé la méchanceté des hommes.

Tu laves les murs de ton regard.

Il y a quelques affiches. Pas de portraits d'aïeux, pas de portraits d'aïeules.

C'est peut-être que je n'ai pas d'aïeux.

C'est aussi qu'il n'y a qu'une seule femme, toi.

Je n'ai pas voulu t'humilier d'autres portraits, d'autres fautes de femmes. Je n'ai pas voulu de comparaisons, d'excuses, d'encouragements, d'excitations.

Tu es chez toi, dans une chambre nouvelle, dans un monde nouveau, sans lois, sans coutumes. Fais ce qui te plaît: tu n'engages que toi—et tu ne t'engages pas.

Personne ne fera après toi ce que tu auras fait, je te le jure. Tu es, tu seras seule.

Ne demande pas aux murs leur avis: ils auront la couleur de ton caprice.

Tu ne t'arrêtes pas aux murs: de ton regard tu embrasses toute cette chambre, avant de m'embrasser—pour faire durer le plaisir.

Tu connais le mobilier: il n'a pas de style. Ce ne sont pas des meubles, c'est un décor, c'est un alibi: ce fauteuil est bleu, ce fauteuil est bleu et or, cette table est brune et cette chaise est verte: je suis pauvre. Tu n'as pas à connaître ces tapis: ils coûtent trente-neuf sous et si cette glace est profonde, c'est que tu t'y mires.

Mais une chose énorme te tire les yeux, te tire la face, t'attire toute: le lit, le lit qui n'y était pas lorsque tu vins, le lit qui est là maintenant, qui est peut-être venu tout seul, qui s'allonge, qui s'élargit, qui prend toute la chambre, le lit odieusement calme, odieusement patient, le lit passif, le lit tyrannique, le lit avide,—fatal.

C'est pourtant un lit très étroit, un lit presque d'hôpital, le lit qu'il faut à deux vieillards pour mourir côte à côte. La couverture est légère, légère pour la saison.

Ne regarde pas le lit de cette façon. Ça n'a pas d'importance. Il est gentil.

Non. Il te prend. Je n'ai plus rien à dire.

Je n'ose rien dire, ce lit m'effraie.

Et puisque c'est lui qui commande ici...

Chérie, chérie, tu as posé ton chapeau, tu as ôté ta voilette, tu as couché des épingles qui piquaient ta voilette, qui piquaient ton chapeau, qui entraient en tes cheveux et qui en sortaient.

Tu avais du blanc sur le bleu de ton corsage, un petit col blanc très modeste auquel tu donnais de la fierté, la distinction d'une guimpe vierge, nonne et princesse, un petit col blanc d'Anglaise moderne auquel tu donnais l'archaïsme d'une collerette florentine et d'un col génois aussi, un petit col très blanc que tu historiais de l'argent brodé de je ne sais quelles broderies d'ambiance et de l'or serpentin de ta nuque, chérie.

Tu n'as plus ton petit col blanc, tu n'as plus ton col bleu et des agrafes sautent, claquent, ton corsage a l'air de bondir, de voleter autour de toi, de s'en aller sans le vouloir, arraché de ton corps où il s'attache jalousement.

Tu te dévêtiras—puisque tu te dévêts—parmi des baisers et des baisers désolés.

Je les embrasse, tes pauvres vêtements qui s'en vont, ton corsage qui se désole de te quitter comme je me désolerai tout à l'heure, ton col qui a scellé ton cou pour mon cou, pour ma bouche et pour ma gorge, ton jupon, tes jupons aussi qui te voilèrent pour ma pudeur—et ta chemise dont je ne dirai rien car j'en voudrais trop dire.

Chérie, chérie, pourquoi te déshabilles-tu?

Je ne te le demanderai pas parce que tu me répondrais: «Tu dois le savoir.»

Tu aurais tort: c'est toi qui ne sais pas.

Quand je t'ai aimée, tu faisais avec tes vêtements un tout harmonieux et harmonique.

Tu avais une robe et tu avais besoin d'une robe. Car la femme n'est pas une statue, la femme n'est pas une académie.

Je t'ai aimée comme on aime une reine lointaine, je t'ai prêté l'escorte des siècles, les escadrons de toutes les épopées et les couronnes fermées qui sommeillent dans des cimetières de bruyères.

Je t'ai aimée comme une fée, une fée qui a une robe de lune, une robe de soleil, une robe d'or, une robe d'argent et une robe couleur du temps, je t'ai aimée comme Ophélie qui a une robe blanche, comme Desdémone qui a une robe noire, comme Portia qui a une robe de feu, je t'ai aimée comme sainte Blandine qui a une robe de sang et comme Iphigénie qui a une robe de larmes: tu as passé, tu es restée toute vêtue et en robe à longue traîne en mes méditations, tu as été la grande dame, la dame de mes pensées et voici que, pour le sacrifice, tu renonces à tes bandelettes de victime, que tu renonces à tes voiles, à tes parures.

Je n'aurai pas le courage de t'arrêter: tu ne comprendrais pas.

Je n'ai pas le courage de te remettre ton chapeau, de me rendre ma chimère.

D'ailleurs quand ai-je vécu conformément à mon rêve? Quand ai-je eu ce que je voulais, tout ce que je voulais?

Et ça me va bien de me plaindre: on me donne plus que je ne voulais!

C'est peut-être ça.

Et puis il n'y a pas que moi dans l'aventure, dans l'idylle, dans le conte.

Nous sommes deux.

Tu m'aimes, chérie, après tout, avant tout. Tu as des subtilités, toi aussi et de si absurdes, de si radieuses délicatesses! Tu as cherché ce qui pouvait me faire plaisir, la preuve à me donner de ta foi, de ta bonne foi.

Et tu as trouvé.

Tu t'es trouvée.

Tu te donnes. C'est ce que tu as de meilleur en toi: c'est tout toi.

Je plaisante encore avec moi, pour étouffer mes sanglots intimes et mon attendrissement.

C'est que je t'aime plus que jamais, c'est que je t'admire d'être si simple, d'être si humble. Pour que tu ne t'aperçoives pas de mon émoi, je me dépouille moi aussi de ma livrée de philosophe, de ma livrée de pessimiste: je serai nu avant toi, chérie.

Tiens! je suis nu.

Et tu es nue aussi, chérie.

Je te considère du lit où je me suis réfugié pour ne plus te rencontrer. Tu ne t'y blottis pas encore. Tu as des cordons à ôter, tu as surtout à t'offrir, malgré toi, à mon admiration.

Ah! que je t'admire! Je t'admire de ne plus te reconnaître.

C'est toi, ce corps ferme, altier, c'est toi ces hanches, c'est toi, ces jambes nerveuses! C'est un nouvel être qui se penche, les jambes libres, ce n'est pas la femme de naguère: les femmes n'ont pas de jambes.

Tu as la finesse et la grâce, la vivacité d'un jeune animal, d'un faon divin. Tu as de la majesté et de la force et la lumière brutale de la lampe t'impose je ne sais quelle brutalité. Viens, viens—que je ne te voie plus!

Tu ne viens pas.

La lumière de la lampe tombe sur ta figure. C'est toujours ta bouche lente et rose, ton nez long, droit, d'une courbe secrète et ce sont tes yeux songeurs et moqueurs, tes yeux de dédain et de ciel, qui savent être bruns et pâles et c'est cette énigme de tes sourcils sombres sous tes cheveux blonds.

Chérie, chérie, voici que la lumière de la lampe court sur tes cheveux et qu'elle les incendie de ses remous changeants.

Elle ne les incendie pas. Rien ne pourrait incendier, rien ne pourrait varier ta blondeur étrange, comme poudrée et métallisée, ta blondeur bleue et grise, ta blondeur d'aube et de crépuscule. Les passants te trouvent châtain mais c'est un mot si vite dit!

Tu es blonde, plus blonde, autrement blonde que le reste du monde: oui, je te reconnais maintenant, c'est bien toi, ce sont tes cheveux, tes cheveux dont je me suis enveloppé dans mes insomnies, la Toison d'or, la toison mauve de toutes mes entreprises contre les monstres, le drapeau de mes héroïsmes, la bannière de mon royaume!

Apporte-moi tes cheveux, donne-moi ta main: tu es bonne, tu m'aimes. Je serai bon et je t'aimerai.

Et je serai toujours très petit garçon avec toi parce que tu te donnes à moi aujourd'hui: c'est bien, c'est beau; c'est la plus touchante des actions; je ne te ferai jamais de peine.

J'ai une grosse envie de pleurer, de pleurer sur mes désespoirs qui m'ont corseté si longtemps d'un corset de fer, de pleurer sur mes jeunes ans qui ne t'ont pas connue, de pleurer sur le monde: c'est le bonheur, vois-tu, le bonheur auquel je me confie, qui va m'emporter à la rive et me noyer en son immensité. Je voudrais tes larmes avec les miennes, mais je ne puis te supplier de pleurer: je ne pleurerai donc pas. Et je ne puis pleurer.

Une ivresse me prend, une ivresse de brute: mes mains âprement saisissent ton corps, ton corps ignoré, mon cœur veut rapidement t'apprendre par cœur—et mon âme...

Ah! veux-tu, ne parlons pas de mon âme! Laissons nos âmes où elles sont, très loin, pas aussi loin qu'elles le désireraient, convulsées, hagardes, terrifiées devant la frénésie de nos corps! Ah! ah! nos pauvres âmes ne nous savaient pas les jolies brutes que nous sommes. Elles ne nous méprisent pas, non, chérie, elles ne nous méprisent pas, elles ne peuvent pas nous mépriser mais elles nous trouvent un peu violents, un peu avides, d'un tel appétit et nous ruant vers quelles voluptés! Consolez-vous, petites âmes, nous vous reviendrons quand nous serons las et nous vous demanderons votre petite chanson, votre berceuse et votre chant grave aussi, vers les étoiles.

Et vraiment que nos corps s'ébattent! Est-ce qu'ils nous en demandent même la permission?

Ah! chérie, ne me demande pas, toi, de te détailler nos courbes et les chaos variés où nous nous perdons tous les deux. Les sursauts, les râles, les petits cris, les petits soupirs, les baisers qui montent et qui descendent, les morsures... Soyons des brutes, des brutes. Ah! chérie, je ne puis même pas te demander pardon de te mordre: je te mords très naturellement et j'ai un rugissement de lion timide, un rugissement qui s'étrangle et qui dure, le ricanement d'une bête sur sa proie et je te pétris pour te faire plus mienne et je m'irrite sur ta chair, ta chair qui fait grincer ma bouche, qui soufflette ma chair de sa fuyance, de son retour, d'un mouvement incessant de recul, d'approche, de son électricité, de sa lenteur, de son abandon et de sa révolte.

Les mots m'ont laissé là et toi aussi.

Une seule phrase nous tient et nous balance en son infini «je t'aime... je t'aime...» et cette phrase n'a plus rien d'humain, onomatopée, c'est un cri de bête «je t'aime... je t'aime...»

Ta main erre sur ma joue comme la main d'une petite sœur sur la joue d'un petit frère, plus petit, et je m'enivre à blesser ma paupière de la ténuité aiguë et soyeuse de tes cils.

Aime-moi, aime-moi, petite sœur... suis-je bête, que fais-tu alors? Aime-moi, petite sœur, aime-moi tout de même.

Que tu m'aimes en ce moment, ce n'est pas une raison de ne plus m'aimer.

Quelle délicieuse sensation, cette peur de te perdre tandis que je te possède!

Et tout est délicieux: ma main se joue, s'égare en tes cheveux, en leur lourde fraîcheur; elle les agite comme un fragile hochet et s'en lie pour toujours, elle en couvre ton front, ta joue, tes épaules, t'en fait mille voiles, mille cadres à tes yeux.

Tu veux parler?

C'est pour me forcer à boucher ta bouche de ma bouche.

Je ne parle pas. Fais comme moi. «Je t'aime... je t'aime...» Et à nous deux nous faisons, n'est-ce pas? un bon petit néant. Un petit néant grand comme l'univers et plus grand puisque c'est tout l'amour de l'univers.

La lampe a disparu, le lit s'est dérobé: nous sommes en une poudre d'étoile, en une molle buée de ciel, nous sombrons en un gouffre de beauté.

Nous allons parler maintenant; de notre cher néant, des mots et des paroles, des vers vont monter, à peine, d'abord, comme une apparition de sainte, puis vont se précipiter comme un torrent lumineux: nous allons dire ce qu'on appelle des riens et nous allons nous passer notre âme, en fraude, dans des mots vides.

Et nous allons dormir peut-être, la main dans la main, comme des écoliers de l'école de Silence, comme des anges qui, au retour de l'exil, se rappellent peu à peu comment on doit dormir pour faire plaisir au bon Dieu.

Les rêves sublimes sont là, tout près; les jolis rêves se préparent, sur le bout du pied, les yeux grands ouverts à mesure que nos yeux se ferment, les rêves immenses se déploient sans bruit pour nous surprendre, ils vont envahir notre horizon et danser—sur nous, autour de nous,—la sarabande des espoirs, la ronde des ambitions satisfaites, le galop de la grandeur et de la puissance.

Fermons les yeux, chérie, fermons les yeux sur les si récents, sur les impérissables souvenirs qui, de nos corps, se distillent en nos cœurs et qui, comme une source de joie, emplissent jusqu'au bord la coupe de nos âmes, car nos âmes sont revenues, oui, Madame, et s'étirent et se remettent à vibrer—pas très fort—comme une belle fanfare, comme une gentille harpe. Ah! les mutines! Tu ne sais pas ce qu'elles font? Elles se content et content nos étreintes, en font une cantate, les traduisent en langage céleste, en font de l'idéal, tel quel, et c'est céleste, c'est admirable, c'est divin. Et puis si ça vous amuse...

Bonsoir, nous allons dormir.

Eh quoi? qui se dresse à mes côtés? qui s'effare?

C'est toi, toi, chérie? Tu ne t'endors pas. Tu parles?

Une grande phrase. «Chéri, il faut que je parte. Quelle heure est-il?»

Partir!

Partir?

Pourquoi?

Ah! mon Dieu, je me rappelle.

Je ne veux pas me rappeler. C'est trop long. Je sens seulement que je vais pleurer.

Je ne sais pas l'heure qu'il est, chérie. J'avais une montre, il y a longtemps, quand j'étais tout petit. Elle s'est fatiguée, elle s'est cassée—de n'être jamais à l'heure du collège. Je n'ai plus eu de montre depuis. J'ai attendu les heures et j'ai toujours eu le dernier mot avec elles parce qu'elles avaient moins de patience et moins d'impatience que moi. Elles se vengent. Je te dirai l'heure cependant.

Il y a autour de cette chambre des gens qui vendent du pain, du vin et qui ont des horloges—par coquetterie.

Je vais m'habiller et sortir vers l'heure, vers l'heure malfaisante qui te chasse et qui m'isole.

Je ne suis plus nu, je ne suis plus l'être qui t'a aimée.

Je suis le monsieur qui passe, qui passe devant les horloges, pour souffrir.

Je suis dans la rue.

Je cherche. Je ne sais plus ce que je cherche. Je suis seul. J'ai aimé la solitude, j'ai aimé les longues courses au hasard, les promenades à l'aventure, la quête du néant.

Mais aujourd'hui il me semble qu'on m'a coupé des bras et des jambes, les jambes et les bras qui m'enserraient tout à l'heure, qu'on m'a coupé les cheveux, les cheveux où je me suis perdu, qu'on m'a arraché la bouche, les yeux et le cœur.

Je me sens nu sous mes vêtements, je me sens impudique et ridicule sous ma loque de passant.

Je rentre, je me précipite, je me meurtris aux bras adorés, aux lèvres que j'ai meurtries, aux cheveux que j'ai échevelés: je presse, j'étreins, je tâche à me faire petit au creux de tes seins et de ton amour, à m'ensevelir en toi, je m'enfonce en toi, en ton cher corps et je pleure, je pleure...

Tu t'effares: «Qu'as-tu? il est si tard?»

Non, il n'est pas si tard, chérie.

Il est tôt, il est étrangement tôt. C'est l'aube et l'aube hésitante de ma vie, c'est la minute où je nais amant.

Tu as commencé à t'habiller en attendant.

Ah! reste nue puisque tu as voulu être nue!

Mais tu as ton idée. «Tu ne me dis pas l'heure.»

Je ne sais pas, chérie. J'ai voulu te défendre contre l'heure, j'ai voulu être défendu par toi contre l'heure. Le rempart jumeau, le double rempart de nos corps contre l'heure, l'heure mesquine qui amène en sourdine la fatigue, la vieillesse et la mort...

Tu t'entêtes.

«Quel enfant! Mais mon petit, il faut cependant que je sache l'heure.»

Il faut aussi que nous soyons heureux.

Mais l'heure, ton heure, je veux te la jeter. Tu t'en couvriras les épaules comme d'un manteau de misère, tu égrèneras toutes ses secondes comme une pluie de cendres sur la cendre de tes cheveux; mais c'est rageusement que je retourne la prendre, d'une traite, entre deux baisers et ton baiser encore tiède sur moi, m'enveloppant tout entier contre l'air froid de la rue... «Oui, il est temps que je parte. Il est grand temps.»

Le temps! le temps! c'est comme une profanation, c'est comme un vieillard qui se glisse entre notre amour et qui te tire, hypocrite, par les cheveux, par les épaules...

Tu es levée.

Tu termines ta toilette, ta toilette de fuite. Amoureuse qui va rentrer dans le siècle, tu t'enroules dans tes parures de femme: on ne se doutera pas dans la rue que tu es un sanctuaire de tendresse, un autel de passion, un chemin de foi et d'ardeur.

Mais tu as froid: ah! chérie! il n'y a pas de feu ici: c'est ma faute. J'aurais dû penser au froid, je n'ai pensé qu'à toi.

Je suis un amant novice, je n'ai aimé personne avant toi et tu es ma première femme. N'insistons pas: c'est ridicule. Je connais pour avoir lu de mauvais contes, pour avoir vu de mauvais dessins, les rencontres brèves et leurs accessoires. Il n'y a pas d'accessoires ici.

Tu grelottes un peu: c'est de n'avoir plus autour de ton cou le hausse-col brûlant de mes bras.

Je te rends mes bras, je te rends mon cœur «...comme il bat!...»

Ah! tu t'aperçois de ma fureur? tu vois que j'ai mal!

J'ai une émotion un peu brutale: elle me tue, elle me défonce la poitrine! j'ai un cœur mal élevé qui se heurte, qui se brise, qui bondit de joie et de tristesse et j'ai un sourire aussi qui est un peu naïf, un peu brouillé, trop tendre, trop triste, trop reconnaissant—et qui demande trop de choses...

Tu es pressée, tu as hâte de t'ensevelir en ton foyer, en ton foyer glacé où il fait moins froid qu'en cette chambre froide.

Tu prononcerais volontiers des paroles pour caractériser notre délice, pour en dire toute la saveur, toute la férocité, pour souhaiter en notre union la bienvenue à la volupté et pour m'avouer encore que tu m'aimes, que tu es mienne, mais ta voix tremblerait un peu en cet endroit où il n'y a pas de feu— et tu n'as pas le temps.

Va-t'en donc, douce victime, va-t'en pour me revenir.

«...demain?»

Ah! que je t'ai implorée parfaitement! Et comme je suis sincère! Jamais je ne retrouverai l'accent, le ton dont j'ai nuancé, dont j'ai chargé, dont j'ai précisé, dont j'ai élargi, dont j'ai empli d'immensité, de fatalité et de tendresse, cette date, ces deux fades syllabes.

«Je tâcherai. Oui, je crois. Sois sage.»

Un baiser qui fuit lui aussi—et c'est ta fuite.

Je ne te suis pas. Je ne veux pas te voir partir. J'entends ma clef qui tourne, ma porte qui se referme.

C'est tout.

Il n'y a plus que moi chez moi. Il n'y a plus que la lassitude et la tristesse.

Les ailes ont troué ma porte et s'en sont allées.

II

PETIT PANTHÉISME SENTIMENTAL

La chambre vide, la chambre veuve s'emplit de silence jusqu'aux murs, d'un silence énorme, électrique, hostile, d'un lourd silence de reproche: la lumière de la lampe qui se jeta sur les épaules et sur les seins de celle qui n'est plus ici, qui se baigna à l'ambre pâle de ses hanches, la lumière de la lampe qui, en un tourbillon, s'épandit et s'abandonna, qui dansa, frénétique, qui jaillit et qui fusa comme une rosée, qui garrotta de clarté notre étreinte et qui l'enlaça d'un collier de perles et de flammes, la lumière de la lampe est devenue frêle et frileuse, malheureuse aussi; elle se plaint vers la lune invisible et semble ne plus vouloir briller et agoniser que pour la lune.

Les fauteuils s'accroupissent comme des Arabes en deuil et c'est comme un affaissement de tout en cette chambre, de toutes les choses sans âme: leur âme, l'âme de cette chambre s'est enfuie.

Oui, ç'a été une fuite et l'âme est partie trop vite.

Mais ce n'est pas ma faute.

Et vraiment, chambre infortunée, tu t'étais trop vite, toi-même, habituée à cette âme blonde.

Tu n'as pas toujours eu une âme: tu es une chambre médiocre et si la pauvreté l'habita, comme c'est trop vraisemblable, ce fut humblement.

Je t'ai louée parce qu'un marchand de vin n'avait pas voulu de toi.

Ton silence, chambre, devient plus agressif.

Je comprends. Le marchand de vins ne t'a pas louée parce que tu étais prédestinée à moi, à nous et parce que les aventures les plus fatales doivent, par le temps qui court, avoir un prétexte, un alibi naturel, un alibi de banalité.

Eh! chambre, tu es triste,—comme moi, tu es pauvre, comme moi, tu es vide—comme moi.

Et nous ne pouvons nous consoler puisque nous sommes faits pour être tristes ensemble et pour nous réjouir ensemble—moins souvent.

Tu as été sanctuaire: tu as connu la gloire, les fêtes absolues, l'intimité qui comporte, qui apporte avec soi l'immensité, tu as été l'univers et tu as été l'au-delà: c'est fini pour aujourd'hui, morne chambre.

Et tu ne resteras vêtue que de tes souvenirs et de ton silence.

Je ne puis te consoler puisque je ne puis être consolé et je trouve comme toi que cette créature hautaine, que cette créature de délice, que cette créature de douceur s'en fut trop tôt, trop rapidement, trop brutalement, que la rue et le monde la tirèrent d'ici, comme on tue.

Et je vais m'en aller, moi qui te parle. Je serai dans mon tort, parce que les chambres doivent être habitées, mais je te demande pardon, tout de suite. Et je ne vais pas m'en aller tout de suite: j'ai honte. En te délaissant, je délaisse le décor de mon bonheur et mon bonheur et tu vas être si vide, si froide!

Ah! que l'intensité de nos moments, que la tendre férocité de notre séjour, que l'impatience passionnée de nos rencontres se disperse, s'étende sur ton vide et sur ta médiocrité, petite chambre!

Tu as abrité des malheurs: tu leur as accordé le leurre du toit, le leurre de la sécurité, le droit de dormir et le droit d'avoir de la pudeur, tu leur as été indulgente en cachant leurs soucis et tu leur as été pénible en leur coûtant leur argent et, parfois, l'argent qu'ils n'avaient pas: tu n'es pas mon gîte à moi et tu n'es pas son gîte à elle: tu n'es même pas le gîte de notre amour, puisque notre amour emplit le monde et que, dans tous les palais et sur toutes les montagnes, il se déchire en petites prières et en jolis murmures, que les oiselles le passent au bec de leurs petits et que les chênes et les fantômes le chantent en leurs frissons, tu es le gîte de notre étreinte.

Nous ne nous embrassons que chez toi, qu'en toi: sois fière, petite chambre.

Tu boudes encore et la lumière de la lampe s'écarte de moi: je vais t'endormir avant de partir.

Je vais te bercer, chambre si pauvre, comme on berce une princesse de soie et d'or, je vais te bercer d'un conte tout neuf, caressant comme les plus vieux contes et vrai comme une caresse: c'est le conte de notre amour.

Mais tu es une vieille chambre pauvre: tu ne sortis jamais de chez toi: comment te dire les sites qui nous enchantèrent, qui nous attendrirent, qui nous fiancèrent?

Tu ne sais pas ce que c'est que la mer—et la mer est dans notre amour, tu ne sais pas ce que c'est que le soleil—et le soleil luit en notre amour, tu ne sais pas ce que c'est que la lune et la lune argente, attiédit, enfièvre notre amour et les routes s'y suivent et s'y croisent, les arbres se penchent vers lui: tu ne sais pas ce qu'est un arbre.

Suis-je bête! Tu as été un arbre et des arbres, tu as été des pierres, tu as été, chambre glacée, du soleil, de la lune, de la nature et de la mer: c'est par mer que, de très loin, les arbres raidis s'en viennent chercher des haches françaises: pardonne-moi: tu connais mieux la mer et le soleil que moi.

Donc j'allai un jour dans une ville où vont les gens riches. Les gens riches! Tu en as peut-être aperçu un ou deux qui venaient perdre sur ta cheminée, non sans le faire remarquer, une, deux ou trois pièces de monnaie—ou qui réclamaient d'autres pièces de monnaie, de très haut, du haut de leur chapeau haut de forme. Et des commissaires de police, des huissiers sont peut-être venus ici, qui sont des gens riches.

Des temps se relaient deux fois l'an où les gens riches veulent se mettre en contact avec le peuple et les choses. C'est le moment qu'ils choisissent pour s'avouer qu'ils ont besoin d'air, de vigueur, de fraîcheur et de chaleur et où ils partent en chercher où il y en a—sur le Baedecker.

Ils ont à traverser des villes de province qui se ressemblent—car rien ne se ressemble comme les villes de province, mais ils les traversent vite, les brûlent, passent à côté, parce qu'ils sont dans des chemins de fer très rapides, qui leur cachent les choses monotones, la souffrance et la misère, qui ont hâte de les jeter dans de la beauté, comme ils jettent les pauvres gens dans les faubourgs gris et noirs, dans les chambres aussi sombres que toi, petite chambre, et dans ces endroits de repos que sont les prisons et les cimetières.

Dès que les gens riches ont été jetés dans la beauté, sans brusquerie, avec leurs bagages et leurs domestiques, ils crient ou ne crient pas que c'est très cher, qu'on leur fait payer la chaleur et la fraîcheur et que l'existence est hors de prix.

Ils happent la beauté goulûment sans y prendre garde—et n'admirent que pour admirer leur richesse et pour s'admirer.

Mais vraiment, c'est beau.

Lorsque le chemin de fer mène à cette ville, il se promène entre la mer et les montagnes et, par gentillesse, semble aller lentement, lentement—et il va si vite!—pour qu'on puisse se laisser charmer par le paysage.

Et le paysage, la mer, les montagnes entrent dans les wagons, le ciel aussi—et quel ciel! les palmiers glissent le long des wagons et c'est un cortège naturel et extravagant: la mer qui est là, qui est partout, qui court après vous, qui vous cerne, qui vous lèche, s'obstine en sa complaisance, l'enchevêtrement harmonieux des palmiers, des oliviers, des arbres de joie et des fleurs touffues, des fleurs bleues, rouges, mauves, jaunes et vertes, les orangers qui se dressent et qui se penchent, les fleurs qui mangent les maisons, les pins-parasols qui se déploient, les fleurs encore, les fleurs toujours, roses et noires, jaunes et grises, les fleurs métalliques, les fleurs couleur de pierre et couleur d'enfer, les fleurs qui se tendent, qui s'offrent, qui repoussent sous le regard, les fleurs tyranniques, les arbres débonnaires, les maisons qui s'abritent des arbres et des fleurs et qui n'offensent ni les fleurs ni les arbres, les brèves montagnes qui se dentèlent devant d'autres montagnes plus hautes,—des montagnes de fond,—les golfes qui se dessinent et qui disparaissent pour reparaître, le ciel qui se tisse de même splendeur, toute cette orgie de grandeur, de nature, de facilité et de simplicité, vous poursuit, se presse autour de vous comme un chœur aimant, tout est sans bruyance, sans déclamation, tout chante en sourdine, tout est sans arrogance, tout semble vouloir faire plaisir, sans plus, et être comme le couloir sans limite, la route fleurie du paradis.

Et la ville s'enferme de montagnes, de murailles, la ville, en son caprice, monte, descend, se déchire, s'étage, s'enfonce en des précipices pour s'envoler en une flore de sommets: on l'appelle Monte-Carlo.

Les fleurs y jaillissent, énormes, s'y développent, s'y épanouissent, y éclatent de sève, de chaleur, de fraîcheur, les arbres s'y efforcent vers le ciel et c'est comme une musique intime, secrète des plantes et de la ville.

Les arbres et les fleurs qui vous ont suivi jusque-là en chemin de fer s'arrêtent avec vous, entrent les uns dans les autres, se gonflent d'une vie intense, profonde, massive et comme obscure, et la mer qui a coulé jusque-là s'arrête aussi et gonfle la mer, en fait une masse électrique, qui s'étouffe de sa beauté.

Les gens riches, petite chambre, ont de l'estime pour cette ville—parce qu'elle se coiffe d'une salle de jeu.

C'est en cette ville que la nature, la splendeur et la douceur de la nature, se sont réfugiées; c'est en cette ville que le soleil s'essaie, l'hiver, qu'il languit, qu'il se reprend à sourire, qu'il baigne sa mélancolie, c'est sur cette ville que toutes les fleurs se penchent, qu'elles s'amoncèlent en des bouquets tout faits, en des forêts d'azur, de ténèbre, de rose et d'or; le ciel y est uni comme une prière, la mer, ah! la mer, je ne pourrais te la décrire, tant elle est majestueuse, lourde de tendresse et de ferveur, lente, attirante, absorbante, à la fois câline et dédaigneuse, tant elle est la mer des contes de fées qu'on se rappelle la nuit et des Mille et une Nuits qu'on scande le soir, tant elle est la mer d'Orient, la mer des nostalgies; elle est belle à ne pas oser la couper d'une rame ou d'un éperon de vaisseau, eh bien! les gens riches ont de l'estime pour cette ville parce que, au-dessus de la mer, en bordure des fleurs, défiant le ciel de deux mâts de cocagne, une salle de jeu s'étend, se vautre,—qui leur coûte cher.

J'entrai dans cette salle de jeu.

Rien n'est plaisant comme de jeter—volontairement—quelque argent aux gens riches comme à des fauves.

Des tables sont là, creusées d'un trou où une bille roule, guettant un trou plus petit—et où l'on peut sans danger oublier des pièces de monnaie.

Des êtres sont assis, sont tapis le long de la table—et des êtres sont debout derrière, et, au milieu de la salle, des êtres s'attardent à défaillir et à rester hagards, n'ayant plus de quoi s'asseoir, n'ayant plus de quoi se tenir debout, n'ayant plus de quoi regarder.

Et malheur à l'argent qui tombe sur ces tables! Ce n'est pas en un plomb vil qu'il se transforme, c'est en de petits pains à cacheter blonds ou gris, en petits pains à cacheter qui ne cachètent rien et qui s'engluent et qui s'enfuient. Les êtres qui cernent cet argent ont des têtes où il se reflète, en son horreur soudaine, têtes plombées, têtes bossuées comme les pièces qui ont beaucoup roulé; têtes de cauchemars comme les écus qui ont longtemps dormi; têtes vieillies tout à coup de toute la vieillesse de ces pièces, de ces écus qui les quittent, qu'ils chassent; têtes creusées, sinistres, punies de tous les crimes, de toutes les douleurs des rois dont les effigies s'impriment, se figent et s'effacent parmi le disque gris ou blond.

Les femmes déposent leur beauté et leur élégance au vestiaire, avec leur ombrelle—et se couvrent d'un uniforme tacite de gêne et de cupidité; c'est une poussière d'or et d'argent qui les embue et ce sont des rides qui viennent.

Les hommes se ressemblent tous, vieillis, jaunes et verts.

Je perdis bien évidemment à ce jeu de perte et de perdition et je ne m'obstinai pas en cette prison de cendre et de plomb.

Je me précipitai dans le soleil, dans les fleurs, dans les arbres et dans la mer.

C'était le temps où le printemps tremble sur les côtes, où les arbres se trouent des murmures hésitants, des murmures impétueux de la vie, c'était le temps où le crépuscule s'alanguit et repousse le soir dans la mer, où le jour veut avoir le temps de mourir et de s'étendre paresseusement sur les flots.

Le soleil s'évanouissait dans de l'azur, c'était le moment de l'azur, où l'azur veut tout conquérir, veut tout avoir, veut être tout, où il couvre, où il masque tout, jusqu'à la médiocrité, jusqu'au néant, où il s'épand, en coulées larges et sûres, presque par blocs, sur les arbres, sur les fleurs et c'est un azur profond et massif, un azur plein, vivace, torrentiel et calme.

Je ne m'assis pas au bord de la mer: c'est une mer devant laquelle on ne doit pas s'asseoir, c'est une mer qui veut qu'on la respecte.

L'azur léger qui, en un balancement léger, s'en venait mourir au ras de la terre, à la pointe du roc, s'épaississait tout de suite d'un azur plus lourd, d'un azur de puissance, presque indigo; du mauve se gonflait des violets les plus sombres, les plus veloutés, lumineux d'une lumière intime et lointaine.

Pas un bruit, pas un souffle pour troubler l'atmosphère de prédestination, le silence de gestation, le crépuscule d'apothéose.

Et j'entendis un souffle, moins qu'un souffle, un rythme secret.

Je regardai.

Sur les larges et plats degrés qui descendent insensiblement à la mer, une forme glissait, sans couper le ciel, sans violer l'azur, une forme qui se mariait à l'azur du ciel, à l'azur de l'heure, une forme rythmique, en son rythme secret, mélodieuse comme le silence et lente comme le crépuscule. Et, devant cette mer où l'on ne voit jamais personne, devant cette mer jalouse de sa beauté, égoïste en sa splendeur, devant cette mer qui ne chante que pour soi, qui n'est coquette que pour soi, devant cette mer qui semble grosse d'un dieu inconnu, devant cette mer d'indifférence et de pudeur, devant cette mer de mystère, je crus voir s'avancer je ne sais quelle ondine, je ne sais quelle nymphe de pudeur et de mystère, je crus à une apparition, je crus que je troublais une cérémonie, que je troublais un rite.

L'ondine qui descendait était la grâce et la jeunesse et, en ce soleil couchant, en cet azur tyrannique, en ce midi autocratique, elle apportait comme un reflet, comme un rayon de lune—et de lune allemande, comme un reflet des lacs d'Écosse, comme un reflet des ciels de l'Écosse aux ciels gris-perle.

Il y a des nuances dans le silence: j'étais si ému que je voulus me taire davantage, d'un silence plus anxieux et plus respectueux.

Et des paroles glissèrent à moi, de l'ondine glissante. Oh! des paroles qui n'outragèrent pas le paysage, qui n'humilièrent rien en la nature, des paroles de paix en la paix universelle, des paroles profondes en la profondeur du mystère.

—C'est vous? demanda la nymphe. Quel beau soir!

Je la connaissais! J'eus devant la mer; le scrupule de ne pas trop me la rappeler, de ne pas l'interroger sur sa santé et sur des choses autour d'elle.

Elle me paraissait nouvelle, fille de cette ville et de cette mer: je ne l'avais pas remarquée jusque-là; je l'avais rencontrée et saluée sans la remarquer.

Et j'avais envie de pleurer à ses pieds.

Jamais je ne fus plus faible, jamais je ne me sentis plus près des choses, plus près de m'évanouir dans les choses.

La nature qui ne me frappe jamais parce que je la sens en moi, que je n'admire jamais, parce que je l'admire trop, que je ne puis exprimer de mots parce que je la sens de tout moi, de mon cœur, de mes yeux, de mon âme, de la volupté et de la souffrance de tout mon corps et de mon âme élargie, aiguë, immense, les arbres, les fleurs, les rochers, le ciel et la mer même, tout se cabrait, se convulsait en moi, tout se déchirait, tout se lamentait, tout s'exaltait en moi, d'un spasme.

—Oui, dis-je, c'est un beau soir.

De quel ton avais-je parlé? J'avais parlé la langue de l'amour, car elle me considéra étrangement.

—Je ne vous ai jamais entendu parler ainsi. Vous avez mal?

Je ne la regardai pas. Elle était là qui errait sur la mer, qui emplissait l'immensité et je la fixais tout près, là-bas, et ailleurs dans le vague et dans le vide.

—Oui, répondis-je, j'ai mal. Mais ce n'est rien!

Non, petite fille, ce n'est rien, c'est tout,—et c'est plus et c'est pis et c'est mieux. Ma vie,—mais qu'est-ce que ma vie?—vient de s'échouer au bord de cette mer, au bord de ce rocher. Mais non! ce n'est pas un naufrage:

C'est un appareillage sur cette mer sans barques, sur cette mer fraternelle, orgueilleuse comme nos deux âmes.

Et nos deux âmes et nos deux songes s'en vont sur cette mer, en une étreinte. Tu ne le sais pas: je ne te le dirai pas. Les fiançailles doivent être secrètes et rien n'est discret comme la mer, rien n'est discret comme la beauté.

Tu me dis, petite fille:

«La mer est magnifique de sévérité. Ne voyez-vous pas qu'elle se glace en pensant aux joueurs de là-haut. Pauvres gens!»

La mer ne se glace pas, petite: elle se fait plus lente pour mieux permettre à notre songe, à notre âme de s'enlacer sur elle.

Mais je ne voulus pas rompre le charme.

Je dis:

«La mer a autre chose à faire ou à ne pas faire. Elle ne sait pas ce que sont les joueurs. Le seul jeu qu'elle admette, c'est celui de la fatalité et de l'éternité. Elle ne pense pas, étant indolente et ne se prête pas à des pensées: elle est indulgente seulement aux rêves parce que les rêves voguent au-dessus d'elle, en ne la caressant qu'à peine, elle est indulgente aux désirs qui meurent sur elle et à l'amour qui a des ailes.»

Je parlais bas, en cette chapelle d'immensité.

La nymphe dit tout bas, elle aussi:

—Ah! l'amour!...

Ce mot-là vibra, frémit, résonna longtemps sur la mer. Il ne se dispersa, ne s'éteignit que peu à peu—et la mer en fut plus bleue et le silence s'en fit plus fervent.

L'ondine continua:

—Comme la mer est compacte et quel fluide elle épand! C'est une mer qui jette des sorts. Elle les jette sans fatigue: elle les laisse se lever d'elle et se poser comme des papillons, des papillons bleus, d'un bleu profond, tout près d'elle, tout de suite.

—Croyez-vous, râlai-je, croyez-vous qu'elle a jeté un sort sur nous?

Elle ne comprenait pas.

—Sur vous ou sur moi?

—Sur vous, sur moi, sur nous deux ensemble—ensemble.

Elle ne se révolta pas, demeura muette et interrogea la mer.

La mer la protégeait et l'empêchait de mentir, d'essayer de se tromper.

Des minutes, des minutes nous fûmes l'un auprès de l'autre, sans nous voir, les yeux s'enfonçant dans l'infini.

Le soir tomba sur nous comme une grotte amoureuse.

Un azur énorme enveloppait la ville et la mer, un étui d'azur descendait sur la montagne, derrière la mer, qui s'estompait comme un paysage du Vinci.

Et c'était vraiment un azur d'éternité.

Nous demandâmes de l'éternité à la mer, nous demandâmes de l'éternité au crépuscule et au silence et, toujours sans parler, nous revînmes vers la ville par les degrés larges et plats.

Et, parmi cet azur, tu me dis:

—Au revoir.

dans du vert, le vert d'une plante qui se dressait et se penchait.

Personne n'est plus maladroit que moi pour porter à ses lèvres une main de femme, et jamais je ne fus plus maladroit. J'eus la gaucherie du petit enfant, l'effroi du lâche, l'ardeur du fanatique, toutes les timidités, toutes les impatiences, toutes les gloutonneries.

Tu ne me fis pas de reproches, tu n'eus pas de sourire, tu ne me fis pas remarquer que j'avais la fièvre.

Tu n'osas même pas répéter ton «Au revoir» et tu t'en fus aussi vite que possible, fuyant ton avenir, fuyant ta vie, fuyant ta fatalité.

Et tu n'allais pas trop vite, tout de même, parce que tu étais dans la ville de lenteur, d'harmonie et de beauté.

Tu allais en Italie.

Je t'y suivis, de loin, d'ici.

Je variai ton voyage, de ma fantaisie, de mon respect, je l'enfonçai dans le passé: j'en fis un voyage romantique. Tu allas, de par moi, le long des routes qui n'existent plus et qui n'existèrent jamais et les eaux de Venise te rendirent des gondoles prisonnières, des gondoles en poussière et je te fus un guide archaïque parmi la pureté de Bergame et les forêts de Vicence. Et nous descendîmes plus avant cependant que, solitaire, j'inventais l'Italie en m'hallucinant de toi...

Mais voici que tu dors, petite chambre et que tu dors heureuse: j'ai bien su te bercer. Je vais te laisser, et je suis triste. Je te confie mon bonheur.

Je m'en vais. Dors bien, petite chambre.

Et toi, lampe si pâle que j'éteins d'un soupir, dors bien, toi aussi. Je ferme la porte tout doucement pour n'éveiller ni la chambre ni la lampe.

Et c'est la rue, c'est le siècle, ce sont les gens.

La rue est une rue étroite et déserte, douloureuse et résignée.

Mais elle conduit à des rues où passe du monde. Comme il y a du monde, aujourd'hui!

Tout Paris est dans la rue, tout l'univers est dans la rue! il n'y avait que nous chez nous; toutes les chambres étaient à nous, toutes les intimités, tous les refuges: c'est un jour de fête, c'est un soir de fête.

On se repose encore, on se promène encore. Et les gens ne sont pas méchants.

Ils ont aujourd'hui des âmes de fête et d'oisiveté: des baisers sans rancœurs, sans relent de labeur, sèchent sur leurs joues et ils vont, des enfants aux bras, des refrains aux lèvres, user leur plaisir au plein air.

Quelle fête célèbre-t-on aujourd'hui?

J'aurais tant voulu que notre fête à nous fût toute à nous, que nous fussions seuls à nous réjouir!

Et voici que c'est une fête publique, populaire, vulgaire!

Je me souviens! je me souviens! c'est la Toussaint!

Nous nous sommes aimés pour la première fois, le jour où les enfants, les mères et les pères s'en vont chercher leurs morts aux cimetières froids! Nous nous sommes aimés le jour où les prières réchauffent de ferveur les fantômes lassés; nous nous sommes aimés le jour des trépassés et la Mort, d'un sourire, aida notre délice.

Passants, vos mains sont vides, vos yeux sont secs: vous avez déposé sur des pierres blanches les lourdes couronnes et vous avez pleuré!

Chérie, chérie, avais-tu songé à ce jour?

Nous aurions pu nous posséder depuis si longtemps!

Voici des jours et des jours où un peu de bonne volonté nous aurait suffi pour être humainement amants comme nous étions amants pour les dieux et pour l'au-delà. Il ne nous manquait que l'occasion et l'occasion est si facile!

Nous avons attendu, nous nous sommes attendus et nous sommes trois maintenant, chérie: toi, moi et la Mort.

Que Dieu ait pitié de nous!

Mais je blasphème. On n'a jamais à avoir pitié de l'amour.

L'amour est le Dieu d'orgueil, l'amour est la chose d'orgueil.

Nous n'avons pas peur de la mort. En ce sacrifice païen, en ce festin, nous avions besoin de divinité et d'éternité: c'est toi qui nous l'apportes, Mort, bonne mort: merci d'être venue à nos fiançailles.

Et, n'est-ce pas? tu n'as pas dû nous quitter?

Qu'aurais-tu fait de ces femmes qui, au lieu d'aller au Bois et au cabaret, s'amusèrent à fouler aux pieds des fleurs de tombes? Qu'as-tu à faire dans les cimetières?

Tu passas ton après-midi en cette chambre sombre, en ce tombeau à peine frémissant, à peine chantant où nous nous sommes tus, tous les deux. Tu étendis sur notre couche, pour nous réchauffer, tes deux grandes ailes noires et tu berças nos spasmes des souvenirs de tous les amants que tu réunis chez toi, pour toujours, tu aiguisas nos spasmes des plaintes d'amour que tu calmas et tu magnifias notre spasme de ton immensité.

Et tu avais la Fatalité avec toi qui es ta sœur vieillie et la Beauté qui est ton ombre.

Accompagne-moi un peu à travers la foule, Mort: les rues sont trop larges pour moi. Je ne suis pas triste: je suis tout désir de larmes.

Je n'aurais pas le courage de cueillir une fleur et je respecte toute vie, la plus humble, la plus irréelle: je vois partout de la vie—et la Vie.

C'est que, Mort, tu es une bonne compagne. Viens, tu verras de pauvres gens qui vont à pied et d'autres qui prennent des omnibus. Ça t'ennuie? Tu n'aimes pas voir les pauvres gens parce que tu les enlèves et que tu les laisses vivre à tort et à travers, parce que tu te laisses appeler sans accourir, parce que tu te laisses chasser sans entendre!

Eh bien! ne regarde que moi: je ne te déteste pas. J'aurais envie de faire un calembour sans grossièreté, d'unir les mots amour et mort, mais tant d'autres l'ont fait avant moi!

Je te parlerais bien des morts mais ils sont trop, et ils sont si peu de chose sous toi! J'ai lu quelque part cette phrase: *Optimi consultores mortui*, qui se grava comme une épitaphe dans le marbre de mon âme. «Les meilleurs conseillers sont les morts.» J'ai choisi mes amis parmi les morts, je les ai interrogés et je me suis lamenté vers eux.

Et toi, Mort, tu es tous les morts, tu es mon amie et ma seule amie.

Vois comme les gens sont mornes dans les rues: tu les écrases, et tu n'es pas méchante; c'est que tu es plus grande qu'eux.

Je te voudrais, je te veux molle et souple, prenante et sans insolence, tu es ma confidente, tu es ma camarade, garde-moi mon rêve, protège-le contre la rue, contre les gens.

N'allons pas trop vite; j'ai beaucoup à descendre avant d'arriver où je voudrais ne pas aller. J'ai à croiser des voitures qui crient et des voitures qui sifflent, et je suis lourd de mon amour, et je suis faible de la force de mon amour. Et je suis retardé par mes souvenirs, par mon souvenir.

Il n'y a pas que toi, Mort, pour me disputer à la vie, à la vie stupide de chaque jour, il y a une main, une petite main qui se pose sur mon épaule, il y a des paroles qui s'étreignent et qui disent: «Ne va pas vers d'autres paroles, dors en la buée pâle que nous sommes», il y a les pavés aussi qui me sont pénibles et la route qui est si longue, si longue, qui se brise, qui tourne pour m'empêcher de marcher plus avant et il y a le reflet de mon bonheur, mon rêve qui se font plus lourds, plus caressants, plus tyranniques.

Mais il faut que je retourne à ma vie, il faut que je retrouve mon cadre de médiocrité, d'indifférence et d'hostilité, il faut que ce jour soit semblable, fasse semblant d'être semblable aux autres jours, il faut...

III

LUI!

Je suis tombé sur lui comme en un précipice.

Il m'a piqué au milieu du cœur de son «Bonjour!» comme d'un harpon, il m'a tiré à lui et à son horreur, de sa cordialité bruyante, il m'assied en face de lui, il me fait servir à boire. Il m'a arraché à mon rêve, à mon tendre halo de délice: il s'est rappelé, il s'est révélé à moi au coin d'une rue, il a jailli sur moi de toute son apathie assis à cette terrasse de café, calme, souriant, il m'a entouré furieusement, a tourbillonné autour de moi et me voici plein de lui, je ne pense plus qu'à lui—pour n'y avoir pas pensé.

Il était sorti de ma vie, comme un remords inutile: ce n'était qu'une absence momentanée, l'absence du maître qui doit revenir, ce n'était qu'un faux départ.

Il m'a repris, il s'est réinstallé en moi, bien à son aise, m'étouffant, m'écrasant, m'humiliant.

Pourquoi ne fait-il pas plus froid? Je me plaignais du froid tout à l'heure, de l'autre côté du précipice! Imbécile! Pourquoi ne fait-il pas très froid! Je ne l'aurais pas rencontré.

Il aurait bu à l'intérieur, n'aurait pas encombré de soi les terrasses de café, les rues, la ville, l'univers et l'au-delà. Il n'aurait pas...

Qu'en sais-je? Ah! je sais bien, qu'il aurait été là, tout de même, guettant les passants, comme le sphinx, effroyable et sanglant.

Mort, bonne Mort qui m'as accompagné, arrache cet homme de cette terrasse, bonne Mort, remporte-le, détruis-le, ensevelis-le dans le pire néant, efface: non! tu ne peux pas! Il est trop grand, trop gros, immense, indéracinable! Il est plus puissant que toi!

Et tu es partie, Mort, tu m'as abandonné: tu as eu peur de lui.

Je suis seul, hideusement seul—avec lui! Sous lui! J'appartiens à cet homme. Je suis sa chose, sa pauvre chose misérable. En me touchant la main tout à l'heure—il m'a touché la main!—il a pris possession, il a pris livraison de moi comme d'un forçat, il m'a enchaîné, englué, pétrifié.

Il est hideux.

Sa moustache noire, ses cheveux noirs taillés en brosse, ses yeux bleus—des yeux pâles en cette face noire;—sa maigreur—car il est maigre, cet être d'immensité,—son nez camus et la trompeuse énergie de sa face, l'illusoire nervosité de sa personne, tout m'irrite, tout m'enfièvre, tout m'affole. Et cependant!...

J'ai bu un peu de l'absinthe que tu m'as offerte, que tu m'as imposée.

Je ne te hais plus, je ne te hais pas et je n'ai même pas le droit de t'aimer.

Je t'ai demandé, comme un somnambule: «Est-ce que votre femme va bien?»

Car je ne tutoie qu'en mon âme.

Je n'ai pas entendu ta réponse et je ne pouvais l'entendre: je sais que ta femme va bien, qu'elle déborde de santé, de vie et de joie, qu'elle est le délice même, la vie même et le ciel puisque je la quitte, puisqu'elle est ma femme, puisqu'elle m'a pris tout entier,—ta femme!

Je l'ai pressée entre mes bras, elle a été mienne, j'ai cru qu'elle avait toujours été mienne, de toute éternité, par un destin, par la volonté de Dieu, qu'elle était née pour moi et te voici, toi, toi, qui sors d'un coin de rue, qui ne dis rien, qui, de ton sourire, de ta tranquillité, de ton silence, me crie: «La farce est bonne!»

Tu n'es même plus en face de moi à cette terrasse de café: tu entraînes ta femme lointaine vers ton passé, vers ton présent, vers ton avenir, tu l'embrasses, tu l'étreins, tu me nargues de ta tendresse, tu me crucifies de ta douceur.

Non! Pas même. Tu t'es habitué à ta femme: c'est devenu un morceau de décor, un pan de monotonie: tu te résignes à sa magnificence. Mais elle, créature magnifique, mais elle toute splendeur et toute sainteté, elle t'aime et elle s'obstine à t'aimer, à aimer en toi sa première extase et son premier amour.

Elle t'a cherché, elle t'a cherché partout: quand elle a été obligée de ne plus te chercher en toi, de ne plus te chercher en l'être indifférent et las que tu étais devenu, quand tu t'es enfui vers des terrasses de café, vers des camarades, vers des loisirs et des veuleries, elle t'a cherché dans des livres et dans des fontaines, dans des paysages et dans des dieux, puis quand ses leurres se sont fatigués, eux aussi, quand les couchers de soleil se sont tus et quand la lune pâle et vide n'a pu te rendre à son ardeur, avant de te réclamer au démon, par hasard,—ah! que je suis humble!—elle t'a cherché en moi, reflet, en moi, moins noir, en moi dont les yeux étaient plus pâles et dont la bouche sèche avait parlé, un soir de printemps. Sur la mer que nous avions interrogée tous deux, elle t'avait vu revenir, fervent fantôme et tu t'étais réfugié en moi et, en moi, elle s'en vint puiser ta jeunesse et ta beauté, l'être ancien, l'être trop proche qui l'avait prise, elle s'en vint cueillir à mes lèvres le baiser qu'elle avait connu—de toi.

Eh bien! tu n'as pas eu de chance mon ami. J'ai été ton reflet, comme la foudre est le reflet de la lune dont je parlais.

Et elle m'a appartenu par prédestination et par fatalité.

Elle a tout trouvé en moi, les mondes, les ciels, un homme, un dieu.

Elle te cherchait en moi; elle m'a trouvé, moi.

Elle a trouvé un corps vierge, et elle ne l'a même pas trouvé: il l'a enlacée, enserrée, il s'est jeté sur elle, de partout. Immense et câlin de l'énorme tendresse de l'univers, il a usé sur elle la sensibilité de tous les siècles, l'âme de l'univers.

Ah! toute à la volupté, elle n'a pu sur l'heure, jouir de sa jouissance: elle a été aimée, elle a été heureuse, sans plus, simplement—mais il y a eu, il y a l'après.

Elle pèse ma caresse en ce moment et mon cœur, elle pèse mon âme, et c'est pour elle un écrasement, une défaillance.

Tu as presque, chérie, un recul d'épouvante et tu es muette d'admiration, de stupeur: tu découvres l'univers en moi—et ce n'est que moi et ce n'est pas tout moi.

Et tu as trop de chance: tu n'en voulais pas tant.

Tu as envie de pleurer comme une enfant qui ne sait pas et à qui on a infligé la fortune, la gloire et les cieux avant de lui apprendre ce que c'est.

Tu es émue, d'ignorance, et tu tâches à te faire à moi, qui me suis donné à toi. Tu m'interroges et tu me remercies et tu m'humilies devant moi, à travers l'espace, tu désires me voir, savoir ce que je fais: je bois en face de ton mari, chérie, et je suis la chose de ton mari, et je suis tout petit, toute honte: je l'avais oublié.

Et je ne puis le haïr.

La colère qui me soulève, l'humiliation qui me courbe, la mémoire qui m'est soudain revenue, avec mille sujets de m'irriter et de me tuer, tout se brise devant ta pure image qui m'apparaît—oh! sans les frissons de tout à l'heure,—devant ton image hiératique et pure, devant ta statue et ton souvenir.

Et je me penche vers mon verre, le verre qu'il m'a offert.

C'est beau, c'est vraiment beau.

Les mers s'y condensent qui me firent songer à toi et ce sont les reflets des ciels qui glissèrent sur mes extases, ce sont les opales et les émeraudes, les pierres de lune et les turquoises aussi qui roulèrent en mes espoirs et ce sont toutes les couleurs des sourires que je prêtai au destin à son propos, ce sont les aurores et crépuscules qui m'apportèrent de la patience, les brouillards et les halos dont j'enveloppai ton fantôme et ce sont toutes les mélancolies et toute la folie que tu me permis: c'est immobile et stagnant comme un marais de fatalité par un soir bleu, c'est lent et nuancé comme une nuit d'amour et c'est de la sérénité, de l'attendrissement, de l'indulgence et l'amertume ouatée, sucrée et pâle des larges cimetières.

J'ai bu un peu: je suis plus triste.

J'ai versé un peu d'eau en mon verre pour apâlir cette pâleur, pour ajouter un peu de fatalité à cette fatalité.

Homme qui, en face de moi, bois quelque chose de brun et de rouge, tu ne me crains pas et tu n'as pas à me craindre. Ce n'est pas le temps de prononcer des discours et de te louer: je voudrais te dire que tu es mon frère, mon frère douloureux, que je t'aime et que je sens tous les dévouements, toutes les complicités me monter aux lèvres, me monter aux yeux—en larmes. Je suis uni à toi par des liens étroits et secrets, par des liens de simplicité et de candeur.

Et il n'y a rien de bas, rien de plaisant en mon affection.

Ce n'est pas moi qui ai surgi sur ta route, c'est toi qui m'as rencontré sur ma route à moi, et qui m'as fait dévier de mon chemin. Et ne fallait-il pas te rencontrer? N'est-ce pas ma route? C'est par toi que j'ai connu la femme de ma vie et de mon éternité: je ne l'ai pas prise, je ne te l'ai pas enlevée: c'est toi qui devais la mener à moi—et tu l'as menée.

Ah! oui! cela serait misérable, à le juger comme jugent les hommes, comme juge ce néant grelottant et gouailleur que la lâcheté des siècles a fait de l'humanité: mais, n'est-ce pas? nous ne jugeons les choses qu'en fonction de notre dédain et de notre haute tristesse?

Cela est, cela devait être: je ne me repens pas.

Et je ne te hais pas—pour les raisons humaines que tu aurais de me haïr.

Je ne te hais pas, je ne m'humilie pas. Je devrais t'envier, je devrais être jaloux de toi, qui as été le premier amant de cette femme, je devrais être jaloux de tes baisers anciens, de tes baisers de tout à l'heure—et de demain.

Mais je suis un être d'orgueil: est-ce que ça compte?

Toi, tes amis, tes ennemis, que sais-je? des hommes et des hommes pourraient avoir possédé mon adorée: elle serait vierge cependant jusqu'à mon baiser, jusqu'à ma caresse, vierge de ma virginité, de ma jalousie, de ma superbe. Est-ce que tu as pu l'aimer aussi profondément, aussi sauvagement, aussi suavement que moi?

Est-ce qu'on a pu avoir l'intégrité, la naïveté, la subtilité de mon amour? Est-ce qu'on a pu être aussi enfant, pareillement homme, également Dieu, en son culte, en sa protection?

Et puis avais-tu toutes les larmes—que j'ai, tous les mondes—que j'ai, toutes les ambitions et toutes les rancœurs—que j'ai, pour les jeter à ses pieds, pour lui en faire un tapis, un lit, un tombeau de vie?

Je meurs, j'étouffe de l'immensité de mon amour, j'en ai assez pour tuer les vivants et pour ressusciter les morts, pour déborder la mer, l'univers, l'enfer et le firmament.

Et c'est si fougueux et c'est si doux!

Ah! mon cher, quel pauvre initiateur, quel pauvre guide tu as fait! Et comme tu vas être mon ombre—misérablement!

Je voudrais en ce moment, par pitié, te prêter un peu de force, un peu de divinité, un peu d'humanité.

Je voudrais que tu fusses digne de moi.

Et je ne voudrais rien.

Pensons à autre chose.

A quoi?

A toi.

Ah! certes! sauter de mon amour en toi, c'est une rude étape! me jeter de l'histoire de mon amour en ton histoire—c'est une chute; et ton histoire, c'est tout de même l'histoire de mon amour: mais est-ce que tout n'est pas mon amour, est-ce que tout n'est pas l'histoire de mon amour?—et je te cueille là-dedans parce que je veux bien me baisser, parce que je veux bien regarder à terre—pour alanguir peut-être ma promenade et mon essor et pour être plus nonchalamment sublime.

Tu es ingénieur civil et tu n'es pas maladroit en ta partie: tu t'es signalé par des inventions, tu as su les mettre en valeur, tu t'es accommodé d'une notoriété flatteuse et tu es chevalier de la Légion d'honneur.

C'est même au banquet qu'on t'offrit pour fêter ta gloire nouvelle... oui, c'est à ce banquet que tu m'as présenté à ta femme—ah! ta, TA, TA femme—mais je n'y fis pas attention, c'était ta femme: tu étais mon ami.

Je saluai—sans plus.

Et je la revis depuis—avec toi, sans la regarder. Tu avais été cordial et bon envers moi, tu m'avais loué, encouragé, réconforté. Et tu m'amusais, en outre, de ta jovialité inlassable. On te rencontrait—comme je t'ai rencontré sur le boulevard, tout à l'heure,—tu vaguais sans escorte et tu étais le compagnon rêvé—dont on ne rêve pas la nuit,—l'ami, le camarade.

Il me fallut Monte-Carlo, il me fallut la mer et le crépuscule, il me fallut tout le silence et toute la pureté de ce soir bleu pour entendre chanter mon cœur, pour entendre chanter la destinée, pour me connaître, pour la connaître, pour *savoir*.

Et depuis, je butai contre toi en ma route: tu fus là des jours, des jours, tous les jours pour troubler mon inquiétude, pour exaspérer mon espoir, pour tacher la candeur de mon extase; tu fus là—pour être là.

Et tu es là, aujourd'hui encore, aujourd'hui. Et c'est toujours ta monotonie, c'est ton humilité, c'est ta facilité envers les hommes et les choses.

Sois plus fier, sois fier,—mais je ne puis t'ordonner d'être fier, je ne puis t'ordonner d'être beau—et je ne puis t'ordonner de ne pas être. Et je suis contraint malgré toi et malgré ta présence, de revenir à mon délice.

Je m'y ensevelis.

Ah! tu peux parler—et tu parles—tu peux critiquer les passants, le gouvernement et l'industrie métallurgique, tu peux même comparer les diverses séductions des femmes qui passent: je ne t'écoute pas: je suis très loin, très loin—chez toi—je cause avec cette pauvre femme que tu oublies et nous causons tendrement—de toi.

Elle me dit:

—Il n'est pas méchant. On ne peut pas juger quand on le voit comme ça, dehors. Il ne faut pas le juger sur ce qu'il paraît, sur ce qu'il veut paraître. Il poitrine, plastronne, papillonne, brille. Il s'use à des paradoxes, à des à peu près—et si tu savais comme il est simple. Il est gentil, s'étonne de tout, se prête à tout et se donne. Je l'aime.

Et je gémis.

—Et moi? et moi?

—Il avait autour de moi des délicatesses de petit enfant. Il ne disait rien et je sentais qu'il regrettait d'avoir trop vécu déjà et de ne pas pouvoir m'offrir ses premiers mots, ses premiers soupirs, de ne pas avoir appris à lire dans le livre que je tenais, de ne pas avoir appris à lire dans ma main et à regarder dans mes yeux, de ne pas avoir, inventeur malheureux, inventé les jouets de mes premiers jeux. Il me craignait de tous ses nerfs, de sa maigreur, de sa violence passagère. Et il avait de longues rêveries. Il ne songeait pas à moi. Il ne songeait à rien. Il se taisait auprès de moi, comme l'unique agneau d'une bergère pensive, comme le vieux loup qui s'est laissé prendre, qui s'est laissé domestiquer et qui ne veux plus rien savoir de son passé, de son âge et de sa force. Il se faisait lentement, auprès de moi, une âme neuve. Il me la demanda sans me la demander, et, de ses sourires sans paroles, de mes sourires de patience et d'indulgence, de ma pitié et de mon émotion, il se refit une jeunesse absolue, une jeunesse sans bruit et sans tumulte, une jeunesse profonde et blonde. Il était attentif, soucieux, délicat. A moi, jeune fille, à moi, enfant un peu cloîtrée, à moi qui avais piétiné un peu devant la porte de la vie et la poterne du bonheur, il apportait la vie, le bonheur et la liberté— et il me les apportait en homme de peine, comme un homme de peine qui pose ça là, à la porte, qui s'assied gauchement et qui tourne ses mains nostalgiques, qui veulent porter quelque chose, parce qu'elles ont porté quelque chose, qui cherchent un autre fardeau, un autre cadeau. Ses yeux, ses mains, son cœur aussi, bougeaient, furetaient, fuyaient, fouillaient la chambre, trouaient les murs, défonçaient les palais et les cieux, réclamaient le colis d'idéal, le ballot de richesse, la tonne de baisers qui étaient quelque part, bien sûr. Il aurait voulu me conter des contes de fées,—mais il n'en savait pas. Et il ne savait pas les paroles qu'il faut dire aux jeunes filles, les paroles pour fiancées. Il avait la pudeur de ne pas parler comme au bureau, comme au café, de délaisser l'argot de science, l'argot de l'École centrale, l'argot des salons officiels. Et une autre pudeur l'envahissait: les discours d'amours, le baragouin de passion, les chatteries éloquentes et empressées auraient tremblé à ses lèvres parce qu'il les avait dédiées à des maîtresses anciennes: il me les épargnait, il m'en frustrait et, comme il manque un peu d'imagination, il me cajolait de petits rires inédits et de silences qui n'avaient pas servi encore. Souvent il avait les yeux vagues et c'est que sa pensée me promenait en des villes qui l'avaient charmé et en des villes aussi qui lui avaient déplu, mais où il situait du plaisir, avec moi. Il regardait très loin, en dedans, en arrière, et c'était pour rappeler ses vieilles années, ses années gâchées, et pour me les offrir et pour reprendre au passé de vieux madrigaux, de vieux projets ingénieux, de vieilles belles idées, du sublime et du génie pour me les offrir, bien modestes, bien cachés, sous des fleurs. Et jamais en ses yeux ne passa un noir éclair de volupté et de convoitise...

—C'est tout?

—Ce n'est pas tout. Des nuances et des nuances sont là qui, de leur ténuité et de leur chaleur, me harcèlent et me piquent, qui me torturent de leur délicatesse. Il m'aimait, vraiment, même quand je le taquinais et m'était paternel et fraternel. Il m'était filial aussi, me demandait de l'humilité, de la distinction et la manière de sourire joliment. Et il s'obstina longtemps en son amour...

—Et maintenant, maintenant?

—Je l'aime davantage parce que je t'aime. La férocité et l'esprit que j'ai découverts en toi, la splendeur dans la tendresse, la puérilité triomphante dans l'étreinte, l'innocence câline et cette majesté inconnue, cette toute-puissance secrète, la terreur dont tu m'as enveloppée, la lueur changeante de tes yeux, l'éclat de ta fièvre, tout me force à l'aimer pour son infériorité, pour sa faiblesse, pour sa lassitude, pour son indifférence, pour sa pauvreté. A savoir que tu m'aimes tant, je l'aime, lui qui ne m'aime plus, qui m'aime moins! Tu m'as dit que tu avais une telle joie, de telles joies à m'aimer, que je le plains, lui qui n'a plus ces joies et qui, s'il les a eues, ne les a pas eues comme toi. Je t'ai aimé d'abord comme un enfant et c'est lui qui est, dès aujourd'hui, mon enfant, mon enfant vieilli, un peu ridé. Il manque de magnificence; ah! qu'il m'est cher!

—Et moi aussi, chérie, je manque de magnificence et je suis triste, triste...

—Il n'est pas triste: il n'a pas la profondeur de la tristesse et ses richesses et ses grottes d'intimité. Il est gai comme tout le monde, misérablement. Je l'aime.

—C'est du remords, c'est un remords, chérie. Tu te repens.

—Je ne me repens pas.

—Ah! repens-toi, si tu veux, chérie. C'est une amertume qui, du fond de notre volupté et de notre amour, apportera à notre amour, à notre volupté une odeur intense et aiguë, une saveur hachée et tout ce charme, toutes ces langueurs, toute cette hâte qu'on nomme l'inquiétude. Notre amour est semblable à la mer qui l'a vu naître, qui l'a fait naître: est-ce que la mer est pure? Les algues pointues et méchantes, les algues pointues comme le soupçon, s'étendent bas, très bas et coupent les remous de leur hypocrisie penchée. Et toutes choses y roulent, s'y amassent, s'éternisent entre des limons et des courants. Et cependant combien la nappe de la mer est large, harmonieuse, combien sa courbe est parfaite et comme les vagues sont belles, simplement, comme son écume même est blanche, plus blanche que la candeur et que les âmes blanches. C'est sur un fond de trouble qu'on bâtit les passions les plus éternelles, les sentiments qui survivent à l'éternité. Trouble-toi, trouble-toi, chérie, épuise-toi en des repentirs, en des souvenirs: notre amour en sera plus frais, plus tranquille, malgré tout, et plus enfantin.

—Je me souviens sans arrière-pensée, je me souviens, pour me souvenir, sans plus. Et je l'aime et le plains.

—Aime-moi, moi aussi et plains-moi. Tu m'as vu amoureux, tu m'as vu malheureux.

—Je t'ai moins vu que lui. Je ne t'ai pas vu souvent, je ne t'ai pas vu longtemps. Il y a une fatalité, une prédestination qui nous ont poussés l'un vers l'autre: il n'y eut pas de fatalité entre lui et moi, tout fut humain, presque petit, tout se tissa de pitié: ce fut un étroit et gris couloir d'émoi.

—Ah! chérie, comme tu es cruelle. Je veux échapper à cet homme qui est en face de moi et tu me le renvoies et tu le jettes sur moi—en beauté, il me cerne de toutes ses vertus et de toutes les larmes que tu vas verser sur lui—car comme tu vas pleurer, chérie!

—Je pleure, mon ami, je pleure mais ce sont des pleurs sans méchanceté et je pleure sur toi, sur lui, sans savoir pourquoi.

—Ah! pleure sur moi, chérie, pleure beaucoup. Tu m'admires: tu as tort. Je suis un pauvre petit garçon et j'ai vieilli sans le vouloir et j'ai conservé tous mes défauts, toutes mes impatiences, toutes mes débilités et toutes mes susceptibilités et toutes mes timidités. Pleure: j'ai de très vieux parents quelque part, qui pensent à moi et qui pensent à la mort et qui sont seuls dans de pauvres murs, dans de pauvres meubles, qui ont reçu les années, à bout portant et à l'ancienneté, sur leurs têtes, sur leurs jambes, sur leurs bras—et à qui il n'a pas été fait grâce d'une infortune, d'une maladie et qui les ont eues l'une après l'autre, en cadence, à la suite... Pleure: j'ai un passé terne qui se double de cauchemars et quand je me le rappelle, je ne me le rappelle pas bien et je ne sais pas si je passe des calamités, des monotonies—ou si j'en ajoute. Pleure: j'ai des doutes. Pleure: j'ai un avenir qui hésite, qui se sauve, qui se fait tirer à moi, qui résiste—et je n'ai pas le courage de le tirer.

—N'insiste pas: ne me demande pas de trop pleurer sur toi, je ne puis pas. Tu m'as, moi, tu m'as toute.

—Toute?

—Oui, toute.

—Et ton mari, tes regrets, tes remembrances?

—Ah! ne me demande pas d'explications. Ce sont des sensations, des nuances.

—Tu m'as parlé de nuances, tout à l'heure—pour lui.

—Ça ne fait rien. Je t'aime, je l'aime. Je l'aime—et je n'aime que toi: voilà. Tu ne crois pas?

—Ah! chérie, chérie, si je crois! je ne suis pas sûr parce que la certitude est encore du raisonnement, de la ratiocination, de la machinerie, de la marchandise à logique, mais je suis plein de toi, plein de foi et je suis irradié de ta divinité. Et je dis des bêtises.

—Dis toujours.

—Non! j'ai besoin de silence, d'un silence pour enfant, pour enfant qui a peur la nuit et qui implore, jusqu'à ce qu'il les entende, de souples ailes de fée sur son sommeil. Et l'enfant est inquiet tout de même, parce qu'il n'est pas seul, parce qu'il a peur du cortège de la fée, de l'omnipotence de la fée, de la bonté de la fée, parce qu'il s'avoue que tout cela est trop grand, trop surnaturel pour lui—et j'ai besoin du silence d'une chambre de petite fille où un grand frère de dix ans veille sur sa petite sœur et j'ai besoin du silence des évocations, du silence des magies, du silence de création et du silence de néant. Parle, toi, car tu parles bien, car tu dis des mots nécessaires, que je ne puis prévoir en leur simplicité et qui me surprennent comme le génie.

—Je ne te parlerais que de lui.

—Eh bien! veux-tu que je lui dise ce que tu dis de lui? que je lui rapporte tes louanges et tes glorifications?

—Tu ne le pourrais pas. Tu ne te rappellerais pas. Ce sont des mots qui s'évaporent comme la rosée, qui s'évanouissent comme des nymphes élégiaques, qui ne bruissent que dans le mystère et qui se perdent comme les petits vagabonds, dans les forêts de légende. Et si tu veux essayer...

—Je ne sais par où commencer et c'est un discours difficile, d'homme à homme.

—Ah! ah!

—Et puis je n'ai pas le temps: il se lève, il déclare: «Je dois rentrer: ma femme m'attend»; il me serre la main et il s'en va. Il te rejoint, toi, toi! Ah! parle-moi, parle-moi de n'importe quoi, de lui, pour que j'entende—en moi—ta voix, pour que je ne sois pas seul, assis sur mon bonheur comme sur la pierre d'un tombeau.

Ah! ton mari! il a eu plus de compassion que toi, il est parti, par modestie, pour ne plus m'infliger son éloge.

Mais non.

Il a coupé, traîtreusement, notre conversation de sa fuite et il a fui vers toi, vers ta caresse, vers les litanies d'adoration que tu viens d'improviser et que tu perpétues.

Ah! n'est-ce pas? tu t'arrêtes? tu arrêtes net ton affection qui se précipite et qui se cabre, tu achèves en un murmure ton oraison ardente, claire et haute.

Je ne t'entends plus. Je n'entends plus rien. Il t'entendra encore, lui: il t'entendra discuter, conter, babiller, imiter, te moquer, que sais-je?

Il aura la fanfare diverse et journalière de tes opinions, de tes manies et il aura, en des paroles, en des gestes menus, ta nature et ton humanité.

Des heures... des heures... Et les mêmes heures se dresseront pour moi, vides, rêches, sèches, obscures, qui me tortureront de ton fantôme épars, qui me jetteront ton absence dans les jambes et dans le cœur.

Dormir... dormir...

Quand j'étais petit et quand j'avais mal c'était le mot qui matait ma douleur, dont j'essayais de me couvrir, de m'enlinceuler. Dormir... dormir... Le sommeil est si vaste, si libre et si vague que je pourrai te héler et t'appeler en barque, que tu pourras me tendre les bras du haut d'une montagne, que tu pourras surgir pour moi d'une étoile ou d'un ciel.

Mais il faut mériter le sommeil et achever d'abord sa journée: on ne s'endort pas, comme ça, parce qu'on a envie de rêver, il faut qu'il soit l'heure, car il est l'heure de dormir—comme l'heure de mourir.

Et je reste l'otage des amis de ton époux qui commentent les événements, gravement, et qui en ont négligé, en route.

Ah! messieurs, il s'est accompli aujourd'hui un prodige plus remarquable: une ère s'est ouverte, aujourd'hui, qui est la seule ère.

Et la volupté est née aujourd'hui.

Ce n'est pas une chose à dire mais mes lèvres ont frémi, apparemment, car ces hommes se sont tournés vers moi et m'interrogent. Je leur dois une réponse, je leur dois ma quote-part de propos car j'ai été bien sage jusqu'ici et bien discret.

Et je suis si prisonnier de ton souvenir, si esclave de cet homme qui vient de s'en aller, si esclave de tout ce que tu as chanté, de loin, sur lui, que je me décide.

—Tortoze, avant de partir, ne vous a pas tuyautés sur son invention?

Et je l'invente, cette invention, au hasard, je la bourre d'invraisemblance, je la complique de perfection, je l'élargis de sublime et je vais, je vais: l'invention prend corps, éclate, se consolide, s'attable en face de moi et les amis écoutent, s'étonnent, admirent, se courbent devant l'ombre de celui qui te rejoint, là-bas, et constatent: «Ça c'est tout à fait, tout à fait épatant!»

IV

LE CŒUR, LE CERVEAU ET LES YEUX

Le lit où je me suis couché est un lit que tu ne connais pas: il est situé au bout du monde, comme il convient, à l'autre bout du monde.

Un corridor y conduit, bossué, bosselé, écartelé, très long, très étroit et jaloux.

Ma chambre déborde de livres, de livres inutiles, car je n'y lis jamais: c'est une chambre d'attente et une chambre de rêves.

C'est une chambre d'alchimiste où j'ai forgé des avenirs, où j'ai pétri des ambitions, où j'ai façonné l'univers à mon caprice, à ma convoitise, à ma fantaisie et à ma raison.

Mais voici longtemps que, en un envoûtement passionné et en un agenouillement sans fin, je n'y ai plus songé qu'à toi, où je n'ai pétri—d'une main si tremblante et si malhabile—que l'avenir où tu souriais, où je n'ai forgé que l'ambition où tu te dressais, où je n'ai façonné l'univers qu'à ton caprice, à ton caprice où tu m'admettais.

Ton image, comme un clown d'au delà, a dansé, a sauté ici à travers toutes les auréoles—et cette chambre est restée—de toi—boiteuse, borgne, folle.

C'est la chambre où, comme au haut des tours pour fillettes frêles, on monte pour voir venir, pour interroger les astres et pour s'interroger mieux, en liberté. C'est une chambre où j'ai eu faim, où j'ai douté, où j'ai pleuré, où j'ai été plus seul que partout et que nulle part, où je me suis senti—des soirs—vraiment dieu et, d'autres soirs vraiment néant, où j'ai eu des regrets, des espérances et des remords et ces remords, ces regrets, ces espérances, cette humanité, cette divinité, cette humilité, ces larmes, ces doutes, ces faims, cette misère éparse et ces désirs demeurent, s'obstinent, s'éternisent dans un pli de livre, dans un tournant de mur, dans un retroussis du tapis sordide, et dans les papiers et les hardes qui s'amoncellent, et se confondent.

Rien n'est plus résolument triste, rien n'est plus parlant et plus silencieux qu'une chambre d'hôtel, rien n'est plus accommodant à votre âme—quand vous avez une âme.

Ma chambre est une cellule de couvent, altière et nue, et c'est depuis quatre ans le désert même.

J'y ai reçu des lettres et de mauvaises nouvelles sans un mot, sans une plainte et je n'ai pas bronché, pas rougi, pas rugi. Elle a gardé sa majesté et son énigme; elle a été le nid et le refuge, le reposoir et la caverne.

Elle m'a envoyé et renvoyé ton portrait de ses parois sans miroir, et cette nuit, plus discrète encore que les autres nuits, épaississant son silence, épurant son mystère, elle s'est endormie sur ton souvenir, sur ta présence, sur ton obsession, sur ton immensité.

Et elle m'a endormi, moi aussi: j'avais peur de ne pas dormir et de te chercher, de mes mains de fièvre: j'ai dormi.

J'ai bien dormi, en une extase.

Mais le réveil me rapporte le bourdonnement de mon bonheur et de mon anxiété, le réveil me rapporte mon veuvage.

Et cette chambre est trop vide, trop pleine aussi de toi. Elle est trop accoutumée à mon infortune, à ma faim: c'est une chambre de patience, de résignation, c'est une chambre d'où l'on prend son élan—et il me faut rentrer—de plain-pied—dans la joie.

Je m'y rue. Les rues se filent, se coupent, les rues s'enfantent l'une l'autre, sans fin, qui mènent à ma pauvre chambre du bout du monde d'en face, du bout du monde opposé et c'est un entrelac de boulevards et de carrefours, ce sont des arrêts de voitures, des lenteurs et d'autres lenteurs: tout se met en travers de mon rêve et je monte, je monte—car mon temple est situé en haut d'une montagne, pour que je puisse avoir Paris à mes genoux, quand je serai à genoux.

Et me voici à ma petite chambre, à notre chambre: j'ouvre la porte d'un coup sec, d'un coup brusque.

Je ne veux pas que la chambre continue à dormir, je veux qu'elle s'éveille en sursaut, qu'elle me saute à la gorge, qu'elle crie et chante vers moi, qu'elle soit tyrannique, agressive et câline, qu'elle m'étouffe de tendresse, de grâce, d'amour, que tous ses souvenirs, que la masse de son émoi m'écrasent, me piquent, me crucifient, de leur âpre et chaude volupté.

Mais la chambre est suppliante: elle a mal dormi, sans nous.

Et elle ne se rappelle rien que notre histoire, l'histoire que je lui ai tissée hier des cheveux fins de ma chérie et de tous les fils de la Vierge qui traînèrent en nos après-midis et en nos crépuscules.

J'ai tant de temps à tuer et à tuer sans méchanceté jusqu'au moment où elle viendra, où elle sautera de mon cœur dans ma vie.

Je suis très las, vieux désespérément.

Je m'étends sur le lit et je songe.

Je songe pour la chambre et pour moi.

Et voici les pâles et fiévreuses évocations qui, lentement, une à une, des antipodes et d'à côté arrivent et me reprennent. Car tu partis seule pour l'Italie, seule avec ton mari.

Et je dus quitter la sainte caverne bleue qui s'était dressée pour nous sur la mer. Petit Poucet mélancolique, je m'éloignai plus vite et le cœur plus gros que le Petit Poucet: pour retrouver mon chemin vers la tacite caverne bleue, je semais ton souvenir sur le chemin, je semais et ton souvenir grandissait au fur et à mesure, de temps en temps j'arrêtais ma fuite, je descendais en une ville pour être, en ma fuite, plus près de toi.

L'horreur grasse de Marseille, ses fenêtres étroites, sa mer mangée de vaisseaux et de barques, ses voiles rouges, ses rumeurs piémontaises, tout me cria ta grâce et ton azur, ta fraîcheur, ton élégance, ton charme net. Cette ville facile, trop amène, se prêtant trop, cette ville prostituée et racoleuse me jeta à la face, de son impudence et de son impudeur la pudeur de notre rencontre et de notre destin, et les arbres—où il y en a—me furent, comme partout, consolants et prometteurs. Du haut de sa montagne, Notre-Dame de la Garde se dressa pour nos fiançailles et, comme pour les mariages des reines, à rebours, je t'y épousai par procuration.

C'était mon cœur qui te figurait, qui te représentait, mon pauvre cœur qui m'avait quitté pour te suivre et qui quittait un moment cette Italie confuse où Florence, Venise, Rome et Naples se ruaient l'une dans l'autre et s'aggloméraient pour enfermer toute beauté, toute fatalité, toute divinité et tout souvenir, quittait les âpres routes aussi et la pitié éparse et morne dans les lagunes et dans les golfes, dans les montagnes et les volcans—afin de se prêter à cette cérémonie et de mettre le Dieu des marins, des aventuriers et des pirates, le Dieu des forçats, des veuves et des fiancées, le Dieu des misérables, et des simples en nos espérances, en notre fièvre, en notre histoire.

Mon cœur et moi nous n'entrâmes pas dans l'église. De très loin, de très bas, au ras du port, le dos en des mâtures et des voilures, en des grelins légers et des cordages fins, et mon cœur à côté contenu, soutenu, arrêté par les treillis bruns et blonds, par l'harmonieux enchevêtrement des gréements, du chanvre et du lin, en une prison de soie et de fer, nous fîmes descendre lentement, doucement, l'église sur nous.

Derrière nous l'univers se pressait dans le gréement, les cordages et les voiles des vaisseaux, l'univers était là, tassé, immobile et les siècles aussi (car il y avait de très vieux bateaux, des bateaux qui ne naviguent plus—et si lourds de leurs coques et de leurs carènes, de leurs attributs désuets et de l'univers attardé, des siècles endormis qu'ils gardent à leur bord, parmi leur équipage fantôme, des bateaux si muets et si tristes qu'on les laisse dans le port mourir quand ils voudront—et les pays de songe, les pays de bataille, les pays de glace et les pays de soleil demeuraient attachés aux câbles et gonflaient les voiles, gonflaient les cheminées aussi et l'univers, les siècles, toutes les mers, les âmes des marins et ce qu'il subsiste de fatalité dans les soutes des bâtiments de commerce, d'héroïsme sur les tillacs des frégates désaffectées, ce furent nos témoins et les invités de nos noces).

Il n'y eut point de chants trop graves et trop nourris pour effarer les antiques mâtures: le silence, un silence lyrique et liturgique, deux souffles d'âme, l'éternité de deux «Oui» et Notre-Dame de la Garde remonta sur sa montagne et je quittai sans un «Au revoir» mes témoins les vaisseaux, les univers et les siècles.

Les cailloux pointus d'Avignon me parlèrent de toi, mon aimée et, tout droit, d'un seul jet, d'un seul effort tranquille, le château des Papes ne bougea pas et nous bénit de haut, imperceptiblement, raidi en son austère magnificence, en sa hautaine nudité, en sa sobre fierté, et les siècles encore entre les pavés pointus, entre les portes sculptées et les balcons, entre les jardins et les places, les siècles me prirent, marchèrent à moi et voulurent me conter des choses des croisades, des guerres et de foi. Je leur dis: «Je ne suis pas seul» et ils dansèrent autour de nous des rondes connues, des rondes d'enfantelets au bord du Rhône et sur le pont, des rondes bien conservées et ronronnantes de bonhomie et des rondes plus secrètes, plus anciennes et des rondes qui n'étaient pas des rondes et qui étaient des danses de nonnes, des danses sarrasines, des danses de moines, des danses de cardinaux, de papes et d'hérésiarques. Ces danses nous entraînèrent sur le rocher gris, vert et blanc qui se penche sur le fleuve et qui s'en moque un peu, elles nous jetèrent dans l'île qui flotte sur le fleuve,—et l'île, le rocher, la ville, les jardins et le ciel chantaient des chants de troubadours, des cantilènes et des sirventes, des chants de guerre contre les ennemis qui pourraient menacer notre amour.

Et je m'enfuis loin de cette ville de rondes: Lyon se précipita au-devant de moi, énorme, grise, toute en montées. Je crus que je montais vers toi et je montai, je montai. Les escaliers s'espaçaient, se succédaient, semblaient se cacher pour surgir tout près et ce fut une ascension pénible, une montée à vide, un vain pèlerinage.

Je ne reçus pas de tes nouvelles. Pourquoi m'aurais-tu écrit?

Et j'avais peur de recevoir une lettre de toi.

Je nous prêtais un si agréable, un si tragique dialogue, je *sentais*—sans les entendre—des paroles si impossibles, si caressantes, si enveloppantes et si aiguës, je te prêtais une telle éloquence et une telle poésie que jamais tu n'y eusses atteint. A vrai dire, ces paroles étaient si belles que je ne pouvais même pas les imaginer.

Murmure des sources, murmure des étoiles, murmure des feuilles dorées au-dessus des étangs, plaintes des oiseaux et sourires psalmodiés des cieux, c'étaient toutes les idées et tous les langages de la nature et de l'au-delà, tout, excepté des paroles. Murmure qui me faisait murmurer: «Que c'est joli!» et qui me faisait fermer les yeux, fermer ma mémoire pour entendre encore, pour être tout à ce murmure, pour être tout murmure.

Et Paris, où j'étais revenu, que j'avais lancé sur moi comme un écrasant manteau de maisons et de soucis, Paris me permit ce murmure à tous ses carrefours, à tous ses coins. Je t'y retrouvai—si peu!

Et des instants se rencontrèrent où je te parlai.

J'étais condamné à un jargon de convention, à un jargon travesti, à cause des gens et à cause que, par une honte pieuse et par impuissance, je ne retombais pas, les lèvres en avant, sur ce murmure unique et suave qui creva pour nous le firmament.

Je cause avec toi, la bouche tremblante et tordue de contrainte, des mille événements qui rident notre indifférence, de ce monsieur, de cette dame et de ce livre. Des gens, les gens plongent en notre conversation et s'y perdent, et s'y oublient.

Parfois pourtant je puis te dire: «Vous savez que je vous aime».

Ah! ton sourire, chérie, le drame de ton sourire! J'y perçois tout l'azur, tous les azurs de notre entrevue et de notre destin! Mais ce sont des azurs, c'est un sourire que je dois garder pour moi tout seul et je ne puis y faire aucune allusion, je ne puis les tremper en ce marécage, en ce vaudeville de la vie.

Je dois me contenter de te dire: «Vous savez que je vous aime» ou «à propos, vous savez que je vous aime» et me contenter—me contenter!—de ta réponse: «Vous ne serez donc jamais sérieux?»

Tu te débats contre le lyrisme de ton existence et contre ta fatalité: je n'y puis rien. Je ne puis te plonger dans ta beauté comme on plongea Achille dans le Styx, je ne puis que rester à côté, sottement, à attendre que tu te souviennes et boire autour de toi, happer en ton sourire, comme un chien avide, ton azur, ton immatérialité, ton immensité!

Et dès que je t'ai quittée, en tramway, dans les rues, les mots me viennent qu'il m'aurait fallu dire, puis c'est le retour de ce murmure divin, où je cause avec toi et où tu me réponds, dans du sublime. Et je ne t'aurai pas vue longtemps, car tu t'en vas avec ton mari.

Dans *les déplacements et villégiatures* que publient les journaux mondains et les journaux graves:

à Royan... M. et Mme Godefroy Tortoze. C'est tout: déplacements et villégiatures de mon cœur, déplacements et villégiatures de ma vie!

Nous ne nous sommes dit ni: Adieu ni: Au revoir et tu es partie sans un baiser. Chérie, chérie, les mers sont méchantes, les mers mondaines et les chemins de fer sont méchants. Et tout est méchant, les montagnes et les casinos, les voitures, les bateaux, les chiens...

Et il faut que je patiente, que j'invoque les éternités, que je me réfugie en mon rêve. Il faut que je me donne à tous les leurres et Paris vide de toi, est si grand, si long, si chaud...

Chérie, chérie, j'ai peur de te perdre en cette chaleur, en cette poussière, en cette atmosphère, en ce malaise.

Tu pèses si peu et ton souvenir est si léger, si inconsistant! il tremble tant au fond de mon âme, au bord de mon âme—et j'ai si mal. Je ne sais plus si je t'aime, je ne sais si je te désire, je sais seulement que je suis ici—où tu n'es pas. Et je sais que je suis devenu si timide devant mon amour, si pauvre, si peureux! et que j'ose à peine m'aventurer sur les routes, craignant de perdre sur les routes cette misérable tendresse—et ma chère, ma chère douleur.

C'est la saison exquise où les forêts s'entr'ouvrant à peine et s'entr'ouvrant pourtant, se laissent violer doucement, à demi, et se font intimes, odorantes et charmantes pour ceux et celles qui veulent se risquer parmi elles en pèlerins, en flâneurs, en amants; c'est la saison où la mer berce en elle le soleil, la lune et les cieux, se joue avec les bras et les bouches des femmes; c'est la saison où tout est idylle, où c'est une idylle entre la nature et les hommes, où les montagnes et les arbres, les fleurs, les océans, les fruits, les petites sources et les fleuves se permettent les plus subtiles coquetteries, à cette fin de rendre la santé, la gaîté, le repos aux touristes qui les apportent avec eux, dans leur bagages, pour être plus sûrs de les retrouver.

Parisiens épars, insoucieux de Paris, Parisiens venus sans dieux lares et avec les fétiches locaux qui sont nécessaires à tel casino ou à tel autre, Parisiens par la force des choses qu'un Dieu malin essaima vers les Auvergnes récupératrices et les provinces vengeresses, les gens se fatiguent et peinent pour oublier leur lassitude.

Ma lassitude est autre et je ne suis qu'élégie et espoir. Les gens sont au bord de cette panacée moutonnante et liquide en quoi ils ont déguisé la mer. Ils y découvrent leur *tub* un peu moins personnel, un peu plus inconfortable, une piste pour courses sans automobiles, où le sable ne manque pas, mais est trop bas et trop sale,—et une arène pour concours d'anatomies.

On leur a dit qu'il fallait rêver: ils y tâchent, mais ce n'est pas facile. On leur a dit qu'il fallait s'abandonner aux caresses fécondes de la lune; à toutes les chansons que vient importer la marée haute et au soupir mélancolique et profond de la marée qui s'en va lentement et qui revient pour s'en aller, et qui revient et qui s'en va, cependant que les heures tombent, traînent avec l'eau pour aller se blanchir là-bas, là-bas où sont les vagues blanches et les nuages blancs, et pour reparaître (jour nouveau) argentées et lentes et hâtives. C'est difficile de s'abandonner. Et c'est un plaisir rare qu'indiquent tous les tarifs d'hôtel.

Jamais il n'a fait plus chaud.

Jamais il n'a fait plus triste.

Jamais il ne fit plus envie de partir, de fuir des souvenirs et des désirs, de fuir une ombre fraternelle, une ombre ennemie qui se glisse entre les arbres, entre les rues, pour sourire de son horrible sourire chaste, de son sourire câlin, de son horrible sourire fidèle, de cet horrible sourire derrière lequel il n'y a rien, que le vide, l'impossible, de cet horrible sourire qui est tout sourire, tout charme, toute vie, tout au-delà.

Jamais il ne fit tant besoin de posséder à la fois tous les arbres, tous les ciels, toutes les solitudes, les palais historiques et les plus secrètes chaumières, toutes les sources et toutes les mers.

Jamais une telle soif ne me brûla d'immensité et d'intimité, de larges espaces à parcourir et d'une couchette étroite—où rêver de toi. Rien n'est trop loin, rien n'est trop haut; il n'est pas de mer assez trouble, de montagne assez âpre. Et je n'ose m'arracher à Paris.

Je prends les rues au hasard, comme elles se suivent et c'est une ville si imprévue, élégiaque, nostalgique qui, nonchalamment, paresseusement, lève ses voiles et se révèle ville de douceur et de larmes—pour toi.

Pourquoi aller chercher les canaux dorés de Hollande lorsque les quais de la Seine, les quais où l'on ne passe jamais, les quais d'après—Bastille et de la Cité offrent leur lèpre blonde au baiser du soleil mourant, lorsqu'ils s'entr'ouvrent, se fendillent, se découpent et s'éternisent sans autre monotonie que celle de la misère et de la mélancolie?

Autour, ce sont des boutiques de rêve, des devantures de marchands de vin (oui, de marchands de vins!) où s'étalent des pièces d'or et d'argent déjà démonétisées au temps du déluge, des officines de tailleurs où l'on martèle— pour quels cyclopes?—des salopettes de zinc et des tabliers d'acier, ce sont des maisons croulantes qui ne croulent pas, des maisons qui s'avancent, qui s'élargissent de bas en haut, vers le fleuve, pour que les pauvres qui les habitent, puissent s'y précipiter plus facilement et ce sont, à côté, des maisons Henri IV où les fenêtres longues, hautes et profondes comme le jugement dernier se font opaques de leur mystère tricentenaire.

Et voici des jardins publics ignorés, sortis d'on ne sait quels contes de fées—contes de fées où les fées ne sont pas riches—où les enfants errent sans s'amuser et où l'on trouve dans le sable rare des larmes et l'apprentissage en culottes courtes—de l'horreur.

Et voici des églises à la mode de Caen, des casernes archaïques, des idylles en camisole rose et des amas de bric-à-brac où l'on n'ose feuiller de peur d'y rester, comme en certaines fontaines pétrifiantes.

C'est le décor désert et peuplé qui convient à ma songerie, la misère me fait tant te revoir, vague comme tu l'es à mes yeux, femme que je n'embrassai jamais, femme qui te dressas devant moi, un jour où j'étais beau de pensée et où tout était beau autour de moi, femme qui, de la lenteur rythmique et rituelle d'un paysage, de la souple immobilité des montagnes et de la mer, de la magnificence hiératique d'un crépuscule, de la jeunesse, de la naïveté, de la perfection d'un soir, te précipitas en mon cœur, de très haut et du fond des mers et qui te révélas à moi en même temps que la grâce, la beauté et Dieu.

Le paysage est triste et les êtres sont misérables: ces quais, ces squares, tout, jusqu'au crépuscule, est médiocre et désolé.

Et ton souvenir se colle à moi, contre la médiocrité du dehors et tu m'es un bouclier et tu es cette chose de buée, ce nuage qui enveloppa des héros contre les dangers.

Ne me protège pas trop et aimons les pauvres. Je suis pauvre, de ne t'avoir pas, je suis pauvre d'avoir de si pauvres rêves, de si pauvres évocations et de ne pouvoir fixer ton image devant moi, brutale et nette.

Et je suis pauvre de tout, et de moi. Je ne puis m'établir sur ces rives: il faut encore trop d'argent pour vivre avec les pauvres, et j'ai des amis qui viendraient me tirer à eux, me forcer à rire avec eux.

Et, tout de même, d'avoir trouvé en Paris un nostalgique et exotique Paris, je veux de la vraie nostalgie et de l'exotisme d'ailleurs.

Il y a dans une petite ville où il est né, un homme qui m'a invité et qui m'attend. C'est un humoriste. C'est le plus célèbre des fantaisistes; il a sécularisé le bizarre et rendu l'étrangeté quotidienne. De sa table de travail, de sa table de café, du milieu du boulevard il a saisi le cauchemar à bras-le-corps, si j'ose dire, l'a coiffé d'un chapeau comique, l'a déshabillé, l'a dénudé, l'a scruté et examiné, puis l'a vêtu sans hâte d'une casaque mi-partie, de la casaque qu'il voulait, en a fait sa chose et l'a offert ensuite au public sans hauteur, sans roideur, gentiment, comme un apéritif ou un cigare. Il ne s'est pas mis à l'affût des mouflons à cinq pattes ou des sangliers du Thibet. Il a erré, musé parmi les boulevards, s'intéressant à tous les passants et à tous les néants et, tout à coup, de deux doigts, il a saisi, conquis, retenu quelque chose dans l'air—et c'était le rire, et c'était le burlesque, le grotesque, la rapide et immense féerie. Il a derrière lui, comme une escorte, comme un état-major, comme une armée, le rire de tout une ville et de tout un peuple. Il a été l'imagination de la foule, il a été le paradoxe de tous, la folie quotidienne, cette dose de folie, de furie, de mépris des choses, d'indifférence, de stoïcisme, d'héroïsme aussi, d'épopée changeante, de farce multiple qu'il faut chaque jour à un chacun, pour lui permettre d'être ensuite aussi vide, aussi morne, aussi sage, aussi pauvre que la veille.

Et, un jour, il est sorti de ses phantasmes pour me tendre la main et pour me dire des phrases sans magie, des phrases de simplicité où il me promettait le succès, le triomphe et où il m'annonçait qu'un jour je mangerais à ma faim. C'était une rue large où je me sentais plus petit; des voitures roulaient autour de moi pour que je me sentisse plus à pied, c'étaient des librairies pour que sentisse que je ne pouvais pas acheter de livres et des brasseries pour me sentir plus à jeun.

Il m'offrit deux bocks, des rires sur ma copie—inédite—et du courage et il s'en fut, sa tâche faite. Je ne le retrouvai que bien plus tard et il me fut un compagnon aisé, un aîné très paternel.

Il me demande de travailler avec lui, là-bas.

Je sais que nous ne travaillerons pas.

Ce n'est pas le moment. L'été, la mer, sa fonction d'humoriste, ma peine d'amour, tout nous fera rêver, tout nous fera taire. Nous resterons de longues heures sans parler, devant la mer et nous serons tristes, lourdement.

Je m'achemine vers ma tristesse.

«Bonjour, Cahier.

—Bonjour, Maheustre!»

Nous nous serrons les mains, nous sourions, par habitude, nous souriant moins l'un à l'autre que souriant de la vie, des gens, des choses, de je ne sais quoi, souriant pour sourire et nous allons tout de suite voir la mer.

Elle est grise, elle est partout.

Elle vient furieuse jusqu'aux falaises, elle monte, descend, tourne, s'emprisonne en des quais, en des apparences de canaux, s'appauvrit, s'amaigrit, s'étrangle.

Nous allons sur une langue de bois, considérer la mer, du bout de la jetée, du milieu de la mer.

Ce n'est pas la mer qui m'a fiancé, ce n'est pas la mer bleue aux coulis et aux coulées bleues, gonflée de bleu, qui s'apaisa devant moi à Monte-Carlo. C'est une mer pâlie, verdie, passée, grondante, aigre, une mer d'écume et de rage, une mer qui gémit, qui se balance, qui s'irrite, qui s'excite.

Le regard de mon ami Cahier plonge en elle, s'y perd je baigne, moi aussi, ma ferveur dans la mer. Ma ferveur est trouble: je sens en moi un moutonnement semblable à celui de la mer, une hésitation sifflante devant la vie, un gémissement, un élan, un désespoir, une fureur qui écume et qui pleure, qui jaillit, qui recule et qui s'alanguit.

Mon pauvre humoriste, tu t'épouvantes devant la sévérité molle de la mer et devant sa roideur et je me trouve une âme aussi écrasée, aussi grouillante, aussi pauvre, aussi hésitante qu'elle, une âme de désir et d'impuissance, avide et craintive, une âme grise et verdâtre, excitée, irritée, lente et dormante. J'ai envie de tout parce que je n'ai envie que d'une femme—et en ai-je envie?

Je l'aime sans plus et je ne sais si je l'aime, je suis lointain, sans force, sans prise, «sous l'influence», comme on dit en médecine, captif—et si misérable et si gratuit captif!

Prisonnier de chimères, je t'ai suivi, Cahier, en des cafés aux plafonds bas, en des cafés où nous avons joué aux cartes avec de vieilles gens, officiers en retraite ou marins à l'arrière. Mon amour est venu me bercer entre les cartes et m'étouffer sous les plafonds bas.

Nous sommes retournés tous les jours sur la mer et tu m'as parlé de la mort, de tes camarades qui avaient passé le porte-plume ou le crayon à gauche et qui s'en étaient allés vivre ailleurs. Et la mer, sans relâche, t'apportait de la tristesse et te la jetait au visage, t'en souffletait doucement, à petits coups, comme pour te punir de la gaieté que tu avais infligée aux autres.

Et elle te punissait gentiment parce que tu n'avais pas été gai toi-même et que ta gaieté était sans grossièreté, nerveuse, hâtive, âpre et pas convaincue. Et tu t'humiliais délicieusement.

La mer ne m'apportait pas de tristesse: où en eût-elle trouvé pour moi?

J'étais si triste et si plein d'espoir que j'étais sans pensée, sans envie, sans espoir, presque pas triste, abruti—en un couloir de préparation, en une antichambre de fatalité.

Et me voici—je me rappelle et je rêve vite, fuyant la mer et cette bourgade, tombant à Paris, chancelant en plein amour—tout de suite.

Car je la rencontrai à la gare, mon aimée—comment? je ne sais pas,—revenant de je ne sais où, pas de Royan, prenant en mes yeux désolés, en ma torpeur, en mon ardeur torve tout moi, toutes les heures que je lui avais consacrées, tous les baisers que je lui avais gardés, prenant mon cœur, mes lèvres, ma peine et me disant d'un seul regard qu'elle me comprenait, qu'elle plaignait mon martyre, qu'elle allait tâcher à me payer, à me récompenser, à me consoler.

Et c'est notre premier baiser, mon baiser timide et son baiser à elle, en retour, si vite, si gentil qu'il me parut presque traître, qu'il me surprit, qu'il me fit fermer les yeux, que je n'y crus point. C'est son abandon en mes bras, c'est sa voix changée, sa voix d'amante et c'est—ah! mon Dieu! me pardonneras-tu mon bonheur!—le tutoiement soudain où elle m'enveloppa, dont elle me garrotta, dont elle m'attacha à soi.

Ah! le tutoiement!

Le mystère du tutoiement! toutes les barrières franchies, brisées, rayées, tous les voiles arrachés et la facilité de l'existence! Aux temps où j'étais très solitaire et où je m'accoutumais à Paris et à l'infortune, je faisais des lieues—à pied naturellement—pour voir une cousine et une tante et pour avoir quelque chose à tutoyer. Quelquefois je ne les rencontrais pas et je rentrais avec mes «tu», avec ma soif de confidence, ma familiarité et ma fraternité.

Et voici que tu me tutoies, comme dans les idéologies, comme dans les traités de Platon, les épopées et les drames antiques, voici que nous nous rajeunissons de ce tutoiement et que nous sommes devenus pareils aux petits enfants qui s'interrogent sur leurs nourrices et leurs poupées. Et voici des entrelacs de baisers, voici une tendresse légère et voici des mélancolies à deux, chaudes, ambrées, des mélancolies de flamme, tissées d'humanité et de divinité.

Comment pouvons-nous nous embrasser? Je ne sais pas. Comment pouvons-nous nous engager nos vies? je ne sais pas.

Personne ne passe par là que notre étoile et Dieu nous sourit de haut et ne sourit même pas, car il nous respecte en notre amour. Et voici que mon cœur crève, que mes larmes éclatent et coulent et qu'elles purifient, qu'elles sanctifient, qu'elles baptisent notre amour! Ç'a été l'étreinte pour l'étreinte, étroite, dure, haletante, expirante, le baiser dont on se contente amèrement et qui mord jusqu'au sang, ç'a été l'éploi de nos virginités, de la mienne, de la tienne qui revenait pour vibrer et pour s'inquiéter et nous avons été heureux jusqu'à la souffrance, inclusivement, nous avons été douloureusement, fièrement amoureux jusqu'à ne pas nous satisfaire pour rester plus amoureux, pour avoir plus—et autant—à désirer.

Nous avons entretenu le mal de nos corps et de nos âmes, de baisers naïfs, de baisers à vide, de baisers de promesse et de tristesse, nous nous sommes usé les yeux à nous regarder dans les yeux et à chercher en nous des délices prochaines, à considérer en face notre éternité; nous nous sommes attendris si longtemps, si pieusement, entre deux portes et nous avons été, dans de l'émotion, les chers malades qui restent malades précieusement, incurablement, pieusement—l'un pour l'autre.

Nous avons ouvert une ère, languissamment et ç'a été un apprentissage de la joie, sans fin.

Sans fin? Non, car il t'a fallu repartir.

Tu n'avais pas épuisé les vacances, les vacances qui vous arrachent à votre âme pour vous jeter en pâture à des pays, à du vert, à du ciel, à des wagons, les vacances qui nous font payer cher l'apparente santé qu'elles octroient et qui t'emmenèrent en Hollande, en Frise, au cap nord, que sais-je?

Tu n'avais fait à Paris qu'une escale.

Et je voulus, moi aussi, n'avoir fait qu'une escale à Paris, m'y être arrêté un instant, le temps de m'initier aux pires, aux plus doux mystères, d'y avoir engagé ma vie, d'y avoir perdu—ou gagné—mon cœur. Tout dans cette ville—et notre secret n'y avait tenu que si peu de place—me parlait de toi, de moi, de nous deux, brutalement, de tout près, et je voulais songer à toi, ne songer qu'à toi, mais délicatement, timidement, fiévreusement. Je voulais que la mélancolie dorée de notre extase s'encadrât de l'or de l'automne et je voulais des bruissements légers autour de mes soupirs—et un ciel vague et distrait.

Je voulais un exil où rêver, où revivre notre hâtive vie.

Le fatidique Cahier me rappela auprès de lui: ses idées de travail, de collaboration le reprenaient. J'obéis. Le train matinal qui m'emporta mal éveillé, cahoté de notre idylle, me berça, me perça de notre tutoiement: les paysages qui se succédèrent, cette orgie de verdure ample, pareillement large, touffue, ordonnée et pittoresque me jetèrent au cœur tes cheveux et tes *tu*.

Et il me semblait que je me rapprochais de toi.

C'est que je me rapprochais en effet et que cette mer au bord de laquelle j'allais rêver était la mer au bord de laquelle tu rêvais et que, plus loin, au ras des flots plus gris peut-être et plus pâles sous un soleil plus blanc tu me jetais parmi les remous plaintifs en une bouteille intangible et sacrée tes pensées, tes espoirs et l'armure blanche de tes caresses, que, fiancée secrète, tu imaginais des voyages sur cette mer, où je t'aurais rejointe d'avance et où tous deux mollement, indissolublement enlacés, blêmes d'ardeur et de fidélité, nous allions chercher le pays des aventures, les palmiers de repos et ces mystiques forêts vierges où les serpents et les fauves sont aimants à ceux qui savent aimer. C'est que tu me lançais tes réflexions, tes remarques, les petits riens de ta conversation et que tu me lançais toutes tes heures, toutes tes minutes, tous tes loisirs, tous tes ennuis, que tu me faisais un collier de tes solitudes et que tu regardais fuir vers moi les barques marchandes aux voiles ternes qui ne me reconnaîtraient pas, qui ne me diraient rien et qui viendraient simplement s'amarrer lourdes et béantes et où je lirais sans maître et sans truchement ton clair regard parmi l'embrun, ton humide baiser parmi les paquets de mer.

Car tu m'écrivais, mais tu ne m'écrivais que des choses d'amour, tu ne m'envoyais par la poste que des lyrismes et quels lyrismes sûrs, parfaits, discrets et sauvages!

Tu ne m'envoyais par la poste que ton idéal, ta passion et ton rêve; ce n'était pas ta vie, ta pauvre vie et tu voulais tant me l'offrir telle quelle, mal occupée, hachée, vide, pour m'offrir tout toi, pour ne pas m'offrir seulement ce que tu n'avais pas, le ciel, les fleurs, ce qu'on s'offre en amour.

Pour répondre à tes lettres, pour te renvoyer un peu de ton ciel, de ton univers, de ton au-delà, pour enclore un peu d'infini en une enveloppe, j'étais obligé de descendre par des rues pointues et glissantes jusqu'à la poste, j'étais contraint de traverser un marché aux poissons et je pensais qu'en ta petite ville, là-bas, tu avais une poste aussi difficile, que ton idéal, avant de se mettre en route vers moi, devait traverser d'identiques relents, et je te plaignais et je t'admirais et je découvrais en ces petites épreuves un charme de plus, un peu humble et câlin comme une tache d'huile.

Lorsque tes lettres me parvenaient, je remontais pour les lire en ma chambre et j'enfermais à double tour mon exaltation, mon amertume et mon délice.

Cahier y serait tombé avec un haussement d'épaules. Cet homme avait noyé l'amour dans les mille tracas de la vie: tendre certes, et tristement tendre, il avait une tendresse tiède, lourde, irritée, courte, une tendresse timide, sinueuse, sans férocité: il aurait souri de ma ferveur furieuse, de ma jeunesse en amour. Vingt fois par jour j'avais la tentation de lui avouer ma fièvre et vingt fois je me taisais devant ses yeux gris. Il m'avait fait venir pour que nous fussions deux à être tristes: il avait besoin du vide de mon âme, besoin que mon âme fût vide. Hébété d'amour ou hébété par la vie, je lui plaisais.

Et il laissait sa pensée et ma pensée faire des ronds fraternels dans l'eau et des voyages parallèles à la rencontre des bateaux: il se reposait de ses longs repos de Paris et demandait de la simplicité à l'horizon et à l'immensité.

Cependant les ciels continuaient à me parvenir et à se ruer hors de leur prison cachetée et les éblouissements, les éblouissements pour moi tout seul s'évadaient, caracolaient, incendiaient. Mon aimée, sans effort, variait sa sublimité et sa subtilité et c'étaient des chansons où elle se permettait de dire: je t'aime, en un insouci des répétitions, chaque fois qu'elle avait à dire: je t'aime,—toujours.

Elle cueillait des anémones de mer et des anémones de ciel, des algues roses et des algues mauves, des étoiles indociles, du soleil, de la fraîcheur et un je ne sais quoi des nuits de là-bas, de ses nuits veuves où le regret se mariait au désir et qu'elle m'envoyait à mon réveil pour m'endormir dessus, voluptueusement, et pour que je contraignisse le matin à être encore la nuit, une heure, deux heures, à faire semblant d'être la nuit, pour étouffer, pour apaiser mon amour, et pour que mon amour ne fût plus qu'une nuance, profonde, éternelle, sur la mer et sur le jour.

Les grandes formes qui se lèvent sur la mer et qui peuplent sa netteté et parfois son brouillard, les grandes formes pures qui traversent les siècles comme les paquebots traversent le monde, les grandes formes qui s'endorment et qui veillent sur la mer, entre des ailes d'albatros et des ailes de mouettes, ces grandes formes qui sont la poésie et le mal de vivre, qui sont les phares de rêverie, les phares de l'imprécis et de l'irréel, qui sont des déesses et des mourantes et qui sont la mer elle-même, d'hier et de demain, ces grandes formes me paraissaient se relayer jusqu'à toi, se succéder jusqu'à toi et te porter intact mon songe, intacte la grandeur et la pureté de mon être en t'évoquant.

Et je t'évoquai sur la mer, souple, penchée, ondulante, je t'évoquai souriant comme je ne t'avais vu sourire et j'évoquai tes larmes aussi que je ne t'avais jamais vue verser.

Et tout cela était simple, naturel, si mystérieux que personne ne s'en doutait, pas même Cahier et que je t'écrivais en ayant l'air de n'écrire à personne, d'écrire pour le public.

Et me voici quittant cette petite ville qui me fut hospitalière et où je m'attendris à ma soif. Me voici à Paris, te précédant, en quête d'un appartement où abriter notre secret. Me voici, solitaire, en des rues inconnues, longeant des squares, traversant des avenues, trouant des déserts.

Voici des concierges et voici des amis heurtés sans plaisir, aimables, prévenants, conseilleurs.

Et te voici enfin, te voici délivrée de tous tes séjours, de tes stations, de tes paysages, te voici chancelante et amoureuse qui t'abat sur ma poitrine et qui t'évanouis en moi, si lasse, si lasse de ne m'avoir pas eu—depuis si longtemps.

Te voici...

Mais voici que tu n'es pas là. Voici que des heures et des heures, les yeux mi-clos, j'ai commandé au temps, aux souvenirs, que j'ai groupé autour de moi l'escadron volant du passé. Je n'ai pas mangé. Je t'ai attendue à jeun et j'ai laissé glisser ce jour sur les jours d'antan, et je me suis souvenu lentement, comme on prie.

Tu m'as laissé me souvenir et alentir mes souvenirs et me souvenir péniblement et tu n'es pas entrée au beau milieu. Je me suis souvenu jusqu'au bout—hélas!

Viendras-tu maintenant?

Il est tard, très tard. La chambre est noire depuis des temps, pitoyable, un peu dédaigneuse. La lampe qui ne s'est pas allumée et qui s'épaissit inutile, le fauteuil où tu n'as pas jeté tes vêtements, la glace qui n'a pas happé ton reflet, la clef que tu n'as pas touchée, tout est âpre, vindicatif, geignard, tout est famélique et pauvre, pauvre! Je n'ai pas besoin de savoir l'heure aujourd'hui.

Il est l'heure de fuir et ce n'est pas, après tout, une heure méchante, puisqu'elle me chasse de ma géhenne.

Je n'ai pas beaucoup souffert.

Je n'ai pas subi cette journée. Puisqu'elle n'a pas voulu être bonne, elle n'a pas été.

J'ai été le nostalgique prisonnier de mes autres journées, des journées de genèse, des journées qui s'éclairaient du reflet grandissant de l'avenir.

Et je m'en vais dans du noir. Je m'en vais sans hâte parce que je n'ai aujourd'hui aucune hâte, et parce que tu peux arriver encore. Je m'en vais comme je suis venu. C'est du noir.

Je ne veux pas heurter les meubles. Je suis discret comme un voleur. J'ai volé cette chambre.

Et je n'ai pas à l'endormir puisque je ne l'ai pas éveillée.

J'ai la tête lourde comme si le passé y était rentré et pesait deux fois.

Je cours pour me réfugier plus vite en ma vie ancienne, en ma vie sans splendeur et sans feu, en ma vie du temps où je ne vivais pas. Je me jette en un omnibus déjà parti, où il y a des gens, n'importe quoi, n'importe qui.

Je m'écroule sur la banquette, je m'anéantis. Ma tête roule, mon corps s'effondre, j'étouffe. Je me suis traîné vers de l'air, sur la plateforme, j'ai ouvert ma bouche agonisante pour respirer un peu de vie et je sors—oh! en des secondes—de mon engourdissement chaud de sang, la vie me reprend en me débarrassant des bandelettes de l'évanouissement et c'est la ténèbre autour de moi, la ténèbre opaque, qui subsiste, qui s'éternise.

De mon doigt je me suis assuré que mes yeux étaient grands ouverts—et ils ne voient pas.

Ces mers, ces champs, ces paysages, ces lunes et ces couchers de soleil, ces soleils et ces longs jours se sont précipités sur mes yeux et en s'enfuyant, ont emporté mes yeux larme à larme. Mes pleurs anciens—et j'ai tant pleuré—sont revenus, sont repartis avec mes yeux. Ou plutôt—pourquoi chercher en mon malheur—c'est ta vision, ma bien-aimée, c'est ta fugitive et lente vision qui m'a aveuglé—et c'est de ne t'avoir pas vue que je ne vois plus.

Misérable trompeur de moi-même! Je me cachais mon émotion, je me contais des contes—mon conte—en sérénité, en confiance: je trouvais ça très touchant et très amusant.

Et, sous mon épiderme raidi en sa volonté d'indifférence, tout mon être—secrètement, doucement, pour que je ne m'en aperçusse pas—tout mon être en sanglots, en révoltes, en désespoirs, se gonflait et s'en allait à la dérive du fleuve d'amour, s'en allait comme il était venu—sans baisers.

Et je me croyais calme, résigné!

Je me mourais—sous moi.

Mes yeux ne verront plus: la voiture descend, c'est une rue avec des lumières et des gens me frôlent et me touchent pour passer, pour monter: du noir, du noir, du noir que je ne puis même plus trouer de ta chère silhouette, de tes cheveux,—du noir, un noir total...

Je me rappelle maintenant: c'est le jour des morts; hier ce n'était que le jour de la mort, aujourd'hui ce sont les morts, un par un, ceux qui ont un nom, ceux qui n'en ont pas et je suis leur compagnon, leur prisonnier, un mort qui a des souvenirs, sans images, un souvenir muet, un souvenir à vide, un souvenir si lointain qu'on ne peut le saisir. Et que m'importe de voir puisque je ne t'ai pas vue!

Si, si, il me faut mes yeux pour plus tard, pour te retrouver, pour te revoir!...

Les yeux me sont revenus, en deux fois. La nuit m'avais repris et m'a lâché et maintenant timidement, je regarde—pour voir quoi?

Des gens qui s'apitoient, des gens que je n'aurais jamais dû voir—mes yeux se sont fermés pour les avoir vus, pour les avoir trop vus! Ah!

Je n'aurais jamais dû voir que toi, chérie, et j'aurais dû garder mes yeux pour toi, mes pauvres yeux qui voient trop, qui se fatiguent sur ces gens, en ce soir des morts où je ne t'apercevrai pas, en ce soir de mort qui agonise si lentement et qui s'épand, qui s'allonge à l'infini de notre amour et qui l'enferme d'un tombeau mourant et glissant, d'un tombeau qui grandit, qui grandit devant mes pauvres yeux, devant mon envie de pleurer, mon désespoir et mon désir.

Comme je t'aime!

_____

V

—Je ne t'aime pas assez.

—Qu'est-ce qui te prend?

—Toi.

—Pas assez?

—Non. Pas assez. J'ai réfléchi à ça sur mon omnibus.

—Je t'avais pourtant défendu...

—Je l'ai tout de même assiégé et occupé.

—Pour me désobéir? Pour te faire remarquer?

—On ne remarque pas les gens en omnibus.

—Et tes voisins?

—Ils ont à penser à eux.

—Enfin, puisque tu as songé à moi en omnibus, ça prouve que tu songes à moi et que tu m'aimes.

—Je ne t'aime pas assez.

—Encore! Tu viens de me raconter que, de ne m'avoir pas rencontrée avant-hier, tu es devenu aveugle, que mon absence hier t'a rendu fou: c'est bien, que veux-tu de plus?

—Toi d'abord.

—Tu m'as.

—Et je veux plus. De l'omnibus, pour ne pas faire attention aux voisins que tu me reproches, pour ne pas les laisser me parler, je causais avec Dieu. Je lui disais: «Fais-moi la grâce d'aimer celle qui m'aime. Je suis jaloux d'elle. Elle m'aime plus et mieux.»

—C'est vrai.

—N'est-ce pas? n'est-ce pas?

—Mais oui. Pourquoi m'obliger à t'aimer plus que tu ne m'aimes?

—C'est que tu es trop gaie. Tu ris. J'aurais voulu te voir triste pour les journées que nous avons perdues.

—Nous ne les avons pas perdues, mon ami: elles t'ont apporté de la tristesse, de l'horreur, elles t'ont blessé. Et je te retrouve aujourd'hui et j'ai pu venir vers toi et nous nous disons des choses dans les bras l'un de l'autre et j'ai ta chair sous les mains, sous les lèvres, j'ai ton cœur, là, qui s'inquiète, qui tâche à s'inquiéter près de mon cœur, j'ai ton ennui de petit enfant, j'ai ta mauvaise humeur, ta bouderie contre le bonheur: que veux-tu encore?

—Je veux t'aimer.

—Ah! mon chéri, aimons-nous en joie, aimons-nous en un tumulte, en une exaltation, en une allégresse. Tu me connais pourtant et tu sais combien j'ai besoin d'intimité, combien j'ai besoin de secret, d'être seule avec toi. Eh bien! aujourd'hui mon amour me semble bruyant, presque public, tout de clameur et de puissance. Il éclate, il se lâche, il hurle, il rit.

—Chérie, chérie!

—Eh! quoi, il aurait fallu commencer par m'aimer comme un saint sacrement, par m'aimer en un songe, de loin, de si loin...

—Je t'ai aimée de si loin et en un tel songe...

—Ça t'a passé?

—Non, ça ne m'a pas passé. Je te caresse, je souffre, je te touche, j'exaspère sur ton cœur et sur ta chair, ma chair et mon cœur—et mon songe dépasse, déborde mon délice et mon songe, comme un halo, comme une ténèbre épaisse couvre tout, vague, vole, emplit le monde.

—Sois sincère: tu m'aimes et tu m'aimes bien, tu m'aimes fortement, en homme, et ce qui vaut mieux, en enfant impatient, fou, avide, qui pleure et qui trouve une furie, une fièvre nouvelle et féconde en pleurs et tu m'aimes, mieux que tout le monde, mais comme ferait tout le monde.

—Chérie, chérie, aie de la pitié pour les heures et les jours que j'ai passés sans toi, à t'attendre. Aie pitié de ces heures si longues, si lentes, de ces heures de néant et de souffrance, où ma vie venait expirer à mes lèvres en un baiser, un baiser que je ne te pouvais donner. J'ai les lèvres gercées de ne pas t'avoir embrassée.

—Et tu m'embrasses lourdement, étroitement, d'un baiser pointu, aigu, qui cerne, qui se multiplie et qui s'éternise.

—Ne fais pas attention, chérie, et pardonne-moi ma férocité.

—Je ne te la pardonne pas, je l'aime. Je ne l'excuse pas car c'est ta seule excuse et ta seule raison de vivre. Et pourquoi sommes-nous ici, s'il te plaît?

—Chérie, chérie, nous sommes venus ici nous mettre en dehors de l'humanité, nous sommes venus ici être des dieux, des dieux de tristesse.

—Zut!

—Chérie, chérie, pourquoi ne plus être toi-même? Tu es sortie de toi comme, un jour de sortie, on sort de son couvent de pudeur et de pureté. J'ai remarqué que seule au monde et parmi toutes les femmes, tu étais femme du monde, que tu savais t'avancer avec la grâce de la décence, que ta démarche était parfaite comme la beauté. J'ai vu des filles dont les hanches saillaient, valsaient, perçaient l'étoffe, le décor, les rues, le siècle, et dansaient le cancan, dont les hanches avaient l'air d'être en vedette sur une affiche de music-hall et qui roulaient, littéralement, des filles qui ne savaient que faire de leurs mains, qui avaient une marche d'attente, de provocation, même quand elles ne voulaient pas, et d'abandon dans la honte, des filles qu'on tutoie de loin, par nécessité, pour les tenir à distance. Toi, on est toujours tenté de te dire: «Vous.»

—Pas toi?

—Oh! moi, je tutoie Dieu. Mais chérie, te rappelles-tu les belles, les nobles lettres que tu m'écrivais? La tendresse s'y haussait à l'héroïsme et c'était une sérénité ardente et pure; le sentiment s'y haussait à l'idée et c'était profond et grand et le cœur y devenait de l'âme. Je me sentais tout petit devant tes lettres: je t'y découvrais sainte et martyre et si innocemment, si furieusement, si savamment maternelle! Tu m'enveloppais de conseils, en même temps que tu me lançais ton lyrisme, et ton lyrisme s'éployait et me dépassait, s'enfonçait dans le mur et dans le ciel: Je pleurais de n'être pas digne de toi, de ne pas être aussi poète, aussi grand que toi, de ne pas pouvoir t'aimer autant que toi. Femme, femme, ta ferveur, ta foi, toute la religion qui éclataient à chaque mot, qui se fondaient en tous les mots d'amour, qui faisaient de tes lettres un globe d'or, d'or subtil, d'or liturgique s'enfonçaient en moi comme des pointes de remords, me revêtaient d'un cilice de honte. Moi qui croyais si peu, qui croyais par saccades, hystériquement, moi qui...

—Laisse ça: tu ne m'humilieras pas. Je t'ai.

—Chérie, chérie, tes belles lettres, tes belles pensées, tes images, ton acceptation résolue de l'amour et de ses dangers et ta timidité devant l'amour, tu n'imagines rien de plus joli, de plus délicat, de plus fort.

—C'est le désir qui me dictait mes phrases. Laisse ça.

—Mais, chérie...

—Ou laisse-moi. Ne sois pas hypocrite. N'aie pas à la fois le plaisir, tout court, et le plaisir de te faire de la peine et de m'en faire. Je suis toujours la femme ancienne, la femme de tes rêveries, de tes psychologies, de tes poésies. Mais je suis gaie aujourd'hui: je veux rester gaie et je veux que nos lyrismes soient des lyrismes en action. Et toi aussi, petit Tartuffe du sentiment!

—Eh! oui, chérie.

—Ne dis pas ça comme ça. C'est à ton corps défendant que...

—Tu vas faire un calembour de fille.

—Tu es dur aujourd'hui pour les filles. Tu m'as écrit des lettres où tu les plaignais et tu rêvais à moi au milieu d'elles. C'était très bien. Qu'as-tu donc?

—J'ai que tu es trop gaie. En ces deux jours où je t'ai espérée et où j'ai désespéré de toi, toute mon existence est revenue et tous mes malheurs m'ont repris, de frais, m'ont secoué, m'ont courbé, m'ont empli, m'ont enduit de leur glu méchante.

—Tu n'es tout entier qu'une plainte. Il te reste les yeux pour pleurer. Tu permets que je les embrasse?

—Tout de même. Fais vite.

—Ah! ah!

—Quoi?

—Ah! ah!

Je ne puis en tirer autre chose, avec des caresses et des baisers et la plus qualifiée fureur amoureuse. Elle tient tant à être gaie, elle est si fatalement gaie aujourd'hui que, n'ayant rien pour me répondre, elle rit, pour ne pas parler, pour ne pas entendre. Elle ne veut rien savoir sinon qu'elle est là—et moi.

Et ce sont des rires qui volent, qui m'enserrent, qui crépitent, qui éclatent sur moi, avec des baisers, qui entrent en moi, avec des baisers, qui fusent de moi, avec des baisers, c'est un bain de rires et il y a des rires en ses bras, en ses mains, en ses cheveux, dans tous les plis de ses vêtements.

Je n'ai jamais été plus malheureux. Car ces rires me prennent et je vais rire moi aussi, je vais être joyeux, nerveusement, sauvagement et cette chambre va être joyeuse—qui n'est pas faite pour ça.

Cependant la rieuse se lève, se campe, toute droite et rieuse: «Tu n'as rien à me demander?»

—Tu veux que je te demande de te déshabiller?

—Ou veux-tu que je te jette mes vêtements à la figure?

—Je vais te déshabiller moi-même.

—Tu vas te fatiguer.

Et les agrafes sautent, avec des rires encore, des rires dans les cordons qui se dénouent et qui rament, des rires dans le tournoiement des choses blanches et des choses bleues qui s'évident, qui meurent, qui tombent sur le fauteuil, des rires dans les hauts de meubles, des rires dans la lampe et un rire, un rire blanc, un rire rose, un rire en relief, un rire d'harmonie, un rire de chair, de lumière, de grâce, de ferme jeunesse résolue, son corps qui se dresse, qui s'infléchit, qui s'affirme et qui, tout de suite, disparaît, se voile, se drape... dans un drap.

Ah! maintenant, chérie, ne fais pas d'effort pour m'égayer: la voilà, la gaieté, la gaieté tyrannique, la gaieté jumelle, la lourde et pire gaieté qui m'a pris, qui m'a tordu,—et le lit est un lit de rires. Nous rions pour rien, pour nous, pour tout, nous rions comme des enfants, comme des démons, nous rions comme si nous accomplissions un sacerdoce. Rire qui se varie, qui varie le labeur et la peine de notre volupté, qui se greffe sur notre volupté, qui jaillit de notre volupté, qui la voile, qui la viole, un rire qui se glisse en notre étreinte, qui nous sépare, qui nous unit, qui nous soude, qui nous confond. Ce n'est pas un rire épileptique: c'est la nature qui tour à tour gazouille, crie, s'alanguit, vibre en lui, c'est un rire excusable.

—Mais pourquoi rions-nous?

Nous sommes de petits et clairs animaux mais des animaux qui rient.

Et quand tout est consommé, roidie et électrique, les yeux clos laissant filtrer un éclair trouble, les cheveux comme métalliques, le corps gaufré, la bouche durcie en sa lassitude avide, les bras ouverts, lâchant et retenant à la fois, le nez spasmodique, tu ris encore et je ris encore et nous sommes un monstre qui rit, qui rit de partout, malgré tout, malgré soi, qui ne rit plus que pour rire et qui va recommencer pour rire encore, qui va fuir de son épuisement pour rire et nous sommes une machine à rire, un rire bossué, crevé, échevelé, ruisselant, épars, un rire de sueur, de satisfaction, de désir, un rire d'horreur et d'éternité.

Nous ne sortons de notre rire que pour y rentrer, pour rire plus fort, après avoir dit—en riant—des bêtises. Comme j'ai fait, de profil perdu, quelques grimaces, pour l'oreiller, pour le lobe de ton oreille, pour un peu de tes cheveux et pour ton œil aussi qui regardait de biais, tu m'as dit: «Avez-vous fini, monsieur singe?» du ton d'un clown anglais et je me suis précipité sur ce «monsieur Singe». Je te l'ai renvoyé, en un baiser rieur, je te l'ai appliqué sur la joue et sur le cœur, de deux baisers, je t'en ai barbouillé le visage, le corps et l'âme, de trois, de dix, de cent baisers.

Et nos rires sont devenus des rires de panthères sans méchanceté.

Tu m'as menacé:

«Répète un peu.»

J'ai répété.

Tu as ajouté:

«Tu vas voir.»

Et j'ai vu.

De tes ongles, tu t'es amusée longuement, patiemment à m'égratigner la poitrine et le dos. Je m'obstinais, riant plus fort: «Monsieur Singe! monsieur Singe» et tu t'obstinais, aiguë, les dents serrées, m'égratignant, sous mes baisers, sous mes rires, pour avoir à rire encore, plus fort, de toi, de moi, pour avoir à me plaindre et à me soigner en riant.

Nous avons continué à nous aimer en riant; nous avons ri pour toute notre vie et pour la vie des autres—et ça a duré une heure, une heure et demie—pas plus.

Tu t'es habillée de rire, tu m'as mordu d'un «Au revoir» en riant et ç'a été une fuite de rires et des rires qui restaient aussi—pour moi.

J'en ai eu pour mon omnibus, j'en ai pour mon dîner, j'en ai pour ma nuit, pour...

Mais qu'est-ce que cette lettre? Une écriture contrefaite, épaisse, insistant sur sa vulgarité et sa pesanteur. Et des lignes lâches: «Mme Claire T... est restée avec vous aujourd'hui dans un appartement dont vous aviez la clef. Prenez garde à moi: je ne vous lâche pas, attendez-vous à tout.» Pas de signature, naturellement. Carte-lettre qui se tourne, qui s'ouvre, qui se ferme, qui offre toujours aux yeux la même ignominie. Je n'aurais pas imaginé que le service des postes fût aussi rapide. Elle m'est venue si vite, cette lettre!

Il doit y avoir un service spécial des postes pour les canailles, contre les âmes et contre les cœurs.

Mes rires? où sont mes rires? j'en avais horreur tout à l'heure. Il me les faut maintenant.

Ils sont loin.

Et elle est loin aussi, la rieuse. Et, si loin, elle a dû recevoir la même lettre, aussi ignoble, aussi rapide. Je tâche à me représenter son dégoût, sa terreur.

Je ne revois d'elle que son rire.

N'aie pas peur, n'aie pas peur, chérie. Je suis là—mais lui, eux, où est-il, où sont-ils, où se cache cette chose qui a écrit cette lettre, cette chose qui se terre pour se lever sur mon chemin, sur ton chemin, pour nous épier, pour nous suivre, qui monte la garde, la méchante garde devant notre bonheur et qui lance sur lui les mots qui arrêtent, qui souillent, les mots qui ont vu, les mots-témoins qui ricanent, les mots-valets qui trahissent, les mots qui accusent, qui reprochent, qui menacent, qui condamnent,—sans mandat.

Peu m'importe ce papier, peu m'importe le nom de l'infâme. Je le défie en son anonymat, je le défie, unité, et je le défie, légion: je ne veux rien suspecter parce qu'il me faudrait suspecter tout le monde, parce que tout le monde, n'importe qui, peut se glisser le long d'un secret, peut lire et voir à travers, peut baver dessus sans savoir, parce que tout le monde peut être au courant de tout, parce que le mystère, l'occulte ne choisit pas, se prostitue au hasard, se livre et livre les gens au hasard, parce que le mal, la haine, l'envie, la perfidie inutile est partout, parce que la trahison est nationale et internationale, qu'il suffit d'avoir du bonheur pour être perdu, qu'il suffit d'avoir du cœur pour sembler insulter ceux qui n'en ont pas, la foule, le monde, l'univers.

Homme ou femme qui as écrit, qui as vomi cette lettre, sois tranquille; elle ne servira de rien.

Demain, tu me verras monter chez moi, chez nous à pied et je m'éventerai avec ta lettre, de ta lettre, je me jetterai de la boue, de la honte, de l'humanité au visage, pour m'éveiller, pour ne pas m'endormir et m'ensevelir en mon lyrisme, en ma félicité, en ma divinité.

Mais elle, elle, «Madame Claire T...?» Je l'évoque courbée sur cette lettre, courbée sur ces menaces, sous ses craintes; je l'évoque broyée, s'abandonnant, mourante. Non! je l'évoque riant, je ne puis me rappeler d'elle que son rire! J'ai possédé un rire, je suis l'amant d'un rire, je suis un demi-rire! Tes cheveux! ta bouche! tes yeux! Je ne les revois que mourant, s'échevelant en un rire et tu ris sur cette lettre, tu ris dans cette lettre, chérie, chérie...

Tu n'es pas venue—et c'était inévitable. Tu avais reçu la même lettre, la mienne, son reflet de haine et tu t'en étais affolée. Tu n'as pas osé *crâner*, tu m'as envoyé un télégramme qui m'est arrivé, j'en suis sûr, en voletant d'effroi jusqu'à moi, sans porteur, sans autre intermédiaire que ta peur du danger, un télégramme haletant, craquelé, d'une haute et courte écriture se pelotonnant, cherchant à s'échapper, flageolante et vide, un télégramme éploré, un télégramme d'agonie—et j'ai imaginé, malgré moi, ton rire autour.

Cette chambre est pleine de rire, encore, d'un relent de rire que je sens, que je vois. J'ai acheté un petit abat-jour pour le voir moins, j'ai essayé d'écrire pour moins entendre: le rire a percé l'abat-jour, a percé mes oreilles.

J'ai fini: le rire m'a suivi.

Sois content, anonyme: tu as réussi. Et tu ne savais pas que, avec toi, contre moi, il y aurait son rire à elle et mon rire, le rire qui t'a bravé, qui t'a attiré, le rire néfaste qui t'a créé et engendré tout armé, gros de larmes, inépuisable d'horreur.

Il faut pourtant que je sache qui tu es, anonyme. Tu peux être plusieurs: des gens m'en veulent, parce que je n'ai pas voulu d'eux et de leur amitié, d'autres parce qu'ils n'ont rien à faire. Des voisins, des confrères ils sont trop! des domestiques, des filles!

J'ai une piste.

Ils sont deux qui vivent ensemble, en une tour d'ivoire qui est une tour de soleil et une tour de lune, une tour de marbre ou plutôt une tour d'immatérialité mauve car la lune et le soleil et les étoiles, c'est encore trop grossier pour eux. C'est le frère et la sœur: ils sont poètes puisqu'ils sont frère et sœur et qu'il est poète.

Ils se nomment Tristan et Iseult sans effort, sincèrement, de par la volonté de leurs parents qui, les premiers entre les premiers, avaient entendu Wagner—dans le texte.

Blonds comme on n'est blond que dans les légendes, beaux comme on est beau dans l'au-delà, si purs en leurs regards, leurs gestes, leur démarche et leurs doigts, si visiblement vierges, si ouvertement ingénus et désabusés, célestes de naissance, anges par vocation, ils sont harmonieux en leurs discours et leurs silences et chantent quand ils veulent parler. Leur affection est pour tous ceux qui les connaissent une consolation de l'existence et un avant-goût de l'au-delà. Nonchalamment, dédaigneusement, ils égrènent un chapelet de sublimités, et épandent, sans la couper, la beauté en des phrases qui se dorent de tous les ors et se doublent de tout azur. Rien ne trouve grâce devant eux; que dis-je? rien ne les blesse, rien ne les touche, rien n'existe que les idées, les utopies et les ailes. Assis en leurs hautes chaises, ils rêvent mollement, imperturbablement, comme ils prieraient. Tristan a permis à des fidèles de lire des poèmes lyriques, sans violence où l'élégie—la plus noble élégie venait attendrir et nuancer de discrétion l'audace de son génie.

Quant à Yseult, elle est musicienne et transpose les musiques pour séraphins, pour monades et pour Dieux. C'est un délice vivant et si peu vivant, c'est une extase ambulante, si peu, qui ne sait pas ce que c'est que les rues, qui ne sait pas ce qu'est le chemin de fer, ce que sont les bateaux à vapeur et qui erre dans les forêts, sur les mers et dans les clairs de lune après y avoir été amenée par l'envol d'une Chimère.

Eh bien! ce couple, cette extase, cette immatérialité, c'est ma lettre anonyme.

Chacun a écrit la sienne, lui et elle, chacun a espionné, lui et elle, moi et toi, chère, chère «Madame Claire T...!» Claire! Prénom que je n'ai jamais prononcé, prénom devant lequel j'ai hésité! Il ne vous a pas émus, misérables, ce prénom magique, il ne vous a pas retenus comme au seuil d'une grotte enchantée, comme au seuil du paradis lumineux? Ah! ah! un mot, un mot de plus, à ajouter aux mots qui frappent et qui font saigner, un mot bref, qui ne fatigue pas. Et votre main l'a craché, votre main de scandale et de ténèbre.

Canailles! canailles!

Chaste et pâle Tristan, je ne sais pas si tu as aimé ma maîtresse ou si tu l'as désirée—je ne suis pas de ces gens qui peuvent établir une distinction, une gradation, un pont entre l'amour et le désir et qui peuvent entre eux jeter un précipice—, je ne sais même pas si, pour parler le style de la Bible, tu l'as convoitée: je sais que tu l'as obsédée de ta mélancolie, de tes plaintes, de ton néant lacrymatoire que tu prodiguais, de ton infortune, de ta souffrance, que tu l'as souillée de tes supplications et de ton désespoir, que tu as exercé sur elle le plus effroyable chantage à la tristesse, le chantage à la pitié, le chantage à la fraternité, le chantage à l'âme-sœur.

Et, de ta Tour d'ivoire, tu es descendu dans la rue, tu as bu chez des marchands de vin et le peuple t'a marché sur les pieds, a grouillé autour de toi et sur toi, tu as attendu en des coins d'ombre, en des murs gras, tu as suivi des omnibus, tu as filé des fiacres, et ta sœur—ton rêve de sœur,—a sali ses souliers dans des ruisseaux, courant, suant, se tachant, culbutant pour le plaisir, pour le plaisir de trahir.

Dévouement? A toi.

Ah! c'est beau! c'est très beau!

Mais ne me demande pas d'admirer—puisque tu ne peux même pas me demander de te punir, puisque tu m'es sacré—à cause de ta trahison, puisque, étant entré dans mon secret par la petite porte, la porte de l'assassin, tu fais partie de mon secret, comme le meurtrier qui, après avoir tué le prêtre en son église, demeurait en sûreté en cette église: jouis du droit d'asile et va... va...

C'est moi qui fuis: il me semble que tu es tapi en cette chambre, et que tu emplis cette chambre. Non.

Il y a une voix qui entre ici, une voix basse, gluante et pointue, une voix où tout tremble, où tout implore:

—La charité, messieurs et dame!... pauvre vieillard de soixante-quinze ans, incapable de gagner sa vie!...

Je ne puis pas voir, je ne puis me préciser la hideur grimaçante et chenue de cet homme, sa sordide sérénité. Cette vieillesse qui traîne dans la rue, cette misère croupissante, cette désolation qui, des confins de la vie plonge dans la mort, se précipite dans ma chambre et, sans me menacer, me prend, me prend pour toujours, voix d'outre-tombe qui prolonge la misère, qui m'offre toutes les misères, qui m'entraîne dans les mailles du filet de Misère.

Y aura-t-il une place en ma chambre pour ton évocation à toi, chérie, pour ta haute et câline apparition, pour chasser d'ici la trahison et la détresse? Apercevrai-je, en un mirage consolant, ton pensif visage d'espoir? Ah! je t'aperçois et je ne perçois qu'un rire, un rire éclatant, sans pensée, un rire effroyable, ton rire, notre rire d'hier!

Je fuis, je fuis plus ton rire, ton effroyable rire que tout le reste, ton rire qui clame, qui s'étend sur la trahison et sur la misère qui, plus effroyable, ensevelit en lui—pour les ressusciter—ma douleur, mon trouble et mon inquiétude.

Je me suis arrêté à la terrasse de café où je me suis arrêté déjà, où j'ai rencontré ton mari, où je le rencontre encore. Cette fois-ci, je lui ai demandé:

—Votre femme va bien?

d'une voix tordue et brisée, sèche comme la fièvre, âpre et courte comme la peur, et je me suis approché de lui, tout près, pour boire ton image en ses yeux, pour lui voler ton immédiat souvenir. Il m'a répondu:

—Oui, très bien.

Et les larmes me sont venues. C'est que je subissais ton martyre, chérie, ton incessant supplice de dissimulation et de simulation, ton effort pour paraître calme et joyeuse, joyeuse et—j'en étais sûr,—tu pleurais maintenant, tu t'effarais, tu t'affolais à ton aise, loin de ton époux—qui était là.

Et je t'évoque...

C'est ton rire qui me frappe en plein visage, ton rire jaillissant de ma mémoire, jaillissant du passé pour m'éclabousser et m'éclabousser de sang, ton rire s'égrenant, glougloutant, menu, compact, total.

Une vieille femme, genoux fléchissants, allonge sa face, son cou plissé, ses rides vers mon cou:

—J'ai quatre-vingt-six ans, jeune homme, tousse-t-elle si lentement, et j'ai faim.

Ton rire, chérie, ton rire fuse derrière la vieille femme, l'auréole d'une auréole malfaisante et je me recule de ce cadre de rire, de cette niche agressive de rires.

La vieille femme ramasse ses vieux membres et ses vieilles rides, comme elle ramasserait des sous, et s'en va, d'un pas usé, du pas dont un revenant s'en retourne vers la tombe—où il était mieux. Elle n'est pas triste—elle ne peut plus être triste—elle a connu tant d'échecs!

Je me rue sur elle, à travers le fantôme de rire, je lui donne convulsivement des pièces de bronze qui débordent son attente; et des remerciements pénibles, trop de remerciements, filtrent vers moi, des remerciements qui me font peur, qui m'apportent le malheur, qui m'attirent de plus en plus dans le chemin de misère et qui m'y clouent...

Et ton rire, chérie, me suit dans mon taudis solitaire, en mon petit lit à moi, se glisse entre mes camarades, vole de mes livres, de mes cauchemars, de mon sommeil.

Ne ris plus, ne ris plus, chérie! Mais on ne commande pas aux absents!

On ne commande pas au passé quand il revit.

Ton rire, je le retrouve dans les rues, dans les aboiements des chiens, dans les rires même qui fleurissent dans les rues, les rires des petites ouvrières, des filles, des oisifs et des sergents de ville.

J'ai rêvé à ton enfance, chez nous, et ton rire a revécu dans tes rires d'enfant; j'ai rêvé à ta ville natale, à cette dormante Péronne, si triste, si légendaire, si enfoncée dans les siècles—et des rires se sont égaillés de ses tours, des rires ont glissé des jours de ses dentelles, ont passé à travers ses batistes, ont crépité sur ses marais, ont rougi ses briques, ont bondi des murailles, de ses couvents, rires vert-de-grisés, rires nostalgiques, rires millénaires; des rires de bronze ont été chassés de ses canons encloués, des rires se sont élevés de ses tourbières, des rires ont été secoués par les cloches de ses églises et des rires se sont échappés, en boitillant, des rires étroits, de son hôpital.

J'ai rêvé à ton père mort jeune, à ta mère sitôt morte et des rires ont violé leurs cercueils; je t'ai évoquée, jeune orpheline: rires en cornette, rires en crêpes, rires partout!

Et notre chambre est trop étroite pour tous ces rires et mon cœur est trop étroit pour leur amertume: je ne puis les cracher, ces rires, avec des larmes. Je ne puis pleurer, comme un vieil homme, pleurer les larmes qui toussent, qui hoquètent, qui écartent.

Et huit longs jours m'encagent en tes rires, huit jours sans nouvelles, huit jours de rage, de douleur et d'impuissance qui s'étirent entre l'attente d'une lettre d'amour et l'attente d'une lettre anonyme, huit jours raidis, huit jours qui retombent, l'un après l'autre, usés sans avoir servi.

Je t'envoie du courage, poste restante, et—n'est-ce pas?—tu n'oses pas retirer mes lettres et tu vis, cloîtrée en ta terreur, haletante, guettant l'arrivée de ton mari pour te mettre à sourire, longuement, et pour figer sur tes lèvres ce sourire difficile, ce sourire de momie torturée?

J'entends ton rire sourdre de mes mots qui se débattent et qui hésitent en leur appel, sourdre de mes désespoirs, sourdre de la fatalité qui nous étreint, qui nous sépare, qui nous précipite loin de l'autre après deux baisers contrariés et disjoints.

Je veux travailler, tracer des mots indifférents: ton rire, ton rire, encore!

Ah! chérie, reviens pour que je ne t'entende plus rire!

Tu reviendras.

J'ai reçu une lettre de toi, enfin, une lettre de tendresse, de récriminations, de reproches sanglotants et d'étreintes contenues et sanglotantes aussi, une lettre ratiocinatrice, de belle et large raison et d'une passion si exacte, si jolie, si noble, si stricte, lettre digne d'une matrone romaine et d'Eloa, de Mme de Sévigné, de Mlle de Lespinasse, lettre d'héroïne et de martyre.

Et ton rire, ton rire infatigable, l'encadrait, tournait autour.

Je cours au rendez-vous que tu m'as donné pour tromper ton rire.

Par un caprice, par une prédestination, par un exquis sentiment de pudeur, de poésie et de lointain, tu m'as dit de t'attendre au Trocadéro, au milieu de la galerie.

J'y devance l'heure que tu m'as indiquée, je m'y morfonds, je m'y affole. Jamais je n'eusse cru à un tel nombre de galeries.

C'est le labyrinthe même.

Pour y retrouver la frêle Ariane qui veut y renouer le fil de notre fable, j'erre, j'erre solitaire—et pas assez solitaire. Des gens tournent et montent qui sortent de je ne sais où.

Et les dieux captifs ne sortent pas pour me protéger, pour m'encourager. Des allumeurs de réverbères et des agents s'y relaient et la pauvre rouille des arbres et la triste blancheur des statues, le jardin chauve en contre-bas, sous la lividité des pierres et des arches, des voûtes et des portes, des colonnes et de l'écho, tout se mue en des rires, en ton rire, chérie, ton rire qui se courbe, qui tourne, qui monte, qui descend, qui s'engouffre du jardin sous la galerie, qui, des portes closes, se rue dans la galerie, ton rire qui, des bouches invisibles des dieux hindous aux bouches muettes des agents, des vagabonds et des allumeurs de réverbères, aux bouches blanches des statues, des troncs des arbres aux feuilles-fantômes, prend tout, roule sur tout, agite tout, valse—en quelle valse immense, redoublante—de l'écho au crépuscule, et grandit avec la nuit.

Je vais d'une sortie à l'autre sortie et je reviens: ton rire tue les minutes! tant de minutes sous lui, s'en nourrit, s'en engraisse, ton rire déborde ces voûtes, déborde ce jardin, galope jusqu'au Champ-de-Mars, jusqu'en haut de la Tour Eiffel et retourne à moi en une poussée, en un soufflet gigantesque, le soufflet de tout l'enfer, de toute la méchanceté, de toute la bassesse humaine, le soufflet dont le démon souffletterait l'idéal et ton rire spasmodique, haletant, précipité me frappe et s'éloigne pour me frapper encore, pour me prouver que je n'ai plus rien de toi, pas même le souvenir et la mélancolie.

Ah! merci! chérie! tu te jettes contre ton rire: c'est toi, c'est toi! Te voilà!

VI

LES JEUX DE LA LUMIÈRE ET DU HASARD

Tu me fais signe de ne pas aller à ta rencontre et, de ton long pas d'honnête femme, tu viens à moi, sans en avoir l'air.

Et tu n'hésites plus, tu te laisses prendre, tu me prends, et, au beau milieu de la galerie, cependant que le jardin, les statues se taisent, s'apaisent, se recueillent pour notre communion, nous nous embrassons à pleine bouche, nous nous acharnons à notre baiser, nous nous embrassons, d'un seul baiser, pour les jours où nous ne nous sommes pas embrassés, et, sans honte, d'un seul sanglot, nous pleurons, nous pleurons ensemble.

Nos larmes jumelles se brisent l'une contre l'autre, se joignent, se mêlent et nous nous serrons plus fort, nous pleurons plus fort, de tout notre cœur, de notre semaine vide, de tout nous. Chérie, chérie, ces galeries, ces salles fermées, tout est plein de douleurs d'amour, de rencontres aussi et de pleurs, de pleurs doux-amers, comme disait notre Pléiade.

Toutes les légendes, toutes les amantes sont là, à peine raidies par les siècles et nous ne faisons, nous ne ferons rien de nouveau: les gens là-dedans ont aimé et sont morts avant nous.

Mais en cette solitude sur quoi tombe la nuit, tu ne nous sens pas assez seuls: il y a trop de lyrisme, trop de résignation, trop de fatalité derrière nous, tu m'entraînes en notre secret, tu me tires en notre histoire qu'il faut continuer:

C'est un fiacre où tu as encore à pleurer, pour les rires que, malgré toi, tu m'as infligés.

Tu t'es mise à pleurer et à attendre la suite de mes pleurs tout de suite, en un coin, mais le cocher me rappelle: «Où faut-il vous conduire?»

C'est vrai: il faut nous conduire quelque part. Tu m'as fait te chercher très loin, chercher très loin tes larmes.

Il faut aller ailleurs, suivre ailleurs tes larmes: les voitures ont des roues et ne peuvent vous laisser aimer en place: l'amour est vagabond chez elles.

Je m'inquiète, je ne trouve pas, je dis au cocher: «A Notre-Dame!» Nous avons eu des dieux derrière nous ici, sans les voir; allons voir d'autres dieux, un autre dieu.

Et tu t'affoles tout à fait: «Regarde, regarde: je suis suivie, nous sommes suivis!»

Et tu trembles, sous mes baisers. Tu regardes par le petit carreau voilé: tu interroges les lourdes lanternes anonymes, qui, de leur rectangle rouge ou blanc, coupent la nuit.

Mais nous voici un auxiliaire: le brouillard, le brouillard qui nous enveloppe, qui nous poudre le long des quais, le brouillard qui nous précède, courrier épars de mystère et qui nous suit, gris, épais, subtil protecteur.

La Seine, opaque, rêve auprès de nous: des lumières dansent sur elle; c'est un paysage pesant, opaque, halluciné.

Et je veux que tu me contes ta vie, depuis ces jours qui sont pour moi des rires-suaires.

Tu me contes des terreurs, des soupçons autour de mes soupçons, ailleurs, plus loin, plus près, tu me contes une farouche et blêmissante attente d'autres lettres, d'autres menaces, plus directes et une fureur vaine de baisers, une tendresse chaude et murée en un terrier de bête traquée, une prison humaine et une vraie prison, froide dans le froid, stoïque, se rétrécissant avec une seule porte, en dehors: la porte par où entre le danger, par où entre— non le remords, grand Dieu!—mais le reproche, par où entrent la jalousie, l'envie, la colère, la haine: la porte des vices et des malheurs. Prison où on n'écrit pas, où on n'espère pas. Prison où l'on s'impatiente, où l'on ne crie pas pour ne pas faire de bruit, où l'on hurle, où l'on sanglotte, où l'on agonise, où l'on meurt,—en dedans!

—Et te voilà, chéri, tu as été sage, au moins? Tu as pensé à moi, à nous? Es-tu remonté chez nous?

—Mais je n'en ai pas bougé, ma chérie, je t'ai attendue, si cruellement, si longuement! j'écoutais les voitures, une à une.

—Tu n'as pas entendu la mienne? Je me faisais promener au pas autour de chez nous, tous les jours, je passais, je repassais âprement, violemment.

—Et tu n'entrais pas?

—C'était périlleux: tu comprends, je voulais bien risquer de me faire prendre pour quelque chose mais pour rien!

—Pour rien?

—Tes volets étaient obscurs, sans rais, sans raies de lumières.

—Ah! chérie! pour ménager tes yeux, pour t'enfermer en un plus strict cercle d'amour, j'avais acheté un abat-jour!

—Je ne savais pas.

—Ah! de te savoir si près de moi et si grave, si ardente, combien je déteste plus mon désert, mon désert irrité, avide, peuplé de rires, peuplé de ton rire, tu sais, ce rire dont tu as empli, dont tu as débordé notre dernière après-midi?

—Je ne me souviens plus: j'ai tant pleuré! mais si ça t'ennuie, je ne rirai plus.

—Ris, ris tout de suite.

—Je ne sais plus.

—Eh bien! taisons-nous, chérie, et retenons avarement notre souffle, enlaçons-nous plus muettement, plus sauvagement en cette voiture qui boite le long du fleuve et qui ne peut pénétrer en ces lumières qui se varient et qui frémissent parmi des barques. Tenons-nous sans parler, comme des pauvres gens—que nous sommes—qui n'ont plus que leur amour, leur amour nu et dépouillé, les nerfs visibles, les chairs tailladées, leur pauvre amour, sans sourire, sans chansons, sans paroles, leur pauvre amour pauvre et grand, puissant par sa misère, comme la faim. Et nous allons prier Dieu pour nous, qui est loin. Nous ne prierons pas Dieu, chérie: il n'est pas là, il n'y est pas pour nous.

Notre-Dame se dresse, gonflée de saints et de vierges folles.

Il est dit que nous n'aurons les dieux qu'en bordure, que nous ne les atteindrons pas: d'ailleurs avons-nous besoin d'aller chez eux? Ne les avons-nous pas sur nous, autour de nous, en nous, en cette voiture basse et cahotante, tous les dieux, les tiens, les miens, ceux qui s'occupèrent d'amour, les dieux de courage, de ferveur et d'héroïsme, les dieux de souffrance, les dieux de jeunesse et de larmes?

Je me sens si pur de cet afflux de divinité que je te propose, si tu as peur, de ne plus t'aimer que d'âme, en cul-de-jatte platonicien.

Mais, émue de ma candeur et de ma bonne foi, tu m'embrasses, pour me remercier, d'un tel baiser, d'un baiser si passionné, si fécond, si tyrannique que je te le rends, ton baiser, de mon humanité, de ma bestialité, de ma chasteté ancienne, et que nous scellons de ce baiser des noces nouvelles, païennes, totales, fauves et que la volupté promise, la volupté proche, l'âcre et délicieuse volupté de demain déborde cette voiture, déborde notre tristesse, déborde nos regrets, nos ennemis, notre malheur, notre désir.

—Viens, viens tout de suite!

—Où?

—Chez nous.

—Il est trop tard et tu n'y penses pas.

—Si j'y pense!

—Et j'ai trop peur!

—Tu n'as pas peur: le bon brouillard qui nous a fait blancs, qui nous a rajeunis et poudrés et notre baiser, chérie, notre baiser énorme et fin, qui a claqué, qui a rugi et qui a murmuré, comme un torrent qui va grossir et comme une source aussi, source de nouveaux baisers, source d'amour et de tous les amours, notre baiser-trompette et notre baiser-harpe, notre baiser d'appel, notre baiser de fouille, notre baiser de reconnaissance, de prise de possession, de communion, de grâce, de force, de tendresse et de fureur, ah! tâche à y échapper, chérie! enfuis-toi de ce baiser, un peu, pour voir! Tu es sa prisonnière, son esclave!

—Et toi?

—Moi aussi.

—Et les lettres anonymes?

—Aussi! Et l'univers aussi.

—Alors, pour le garder à nos lèvres, nous ne nous embrasserons plus? Nous ne pourrons plus nous embrasser aussi bien? Et ce baiser-gigogne sera-t-il stérile?

—Embrassons-nous, embrassons-nous, chérie.

—Tant que ça?

—Plus.

—Je vais te quitter.

—Parce que nous nous embrassons?

—Non; parce que j'ai à rentrer. Et puis, nous nous sommes retrouvés, nous nous retrouverons.

—Chez nous?

—Oui.

—Tu m'as dit: oui d'une voix qui se reprenait à avoir peur et pour n'avoir pas plus peur, pour avoir peur toute seule, tu es descendue, rapidement.

Et j'ai gardé mon fiacre désaffecté et je l'ai gardé longtemps parce qu'il restait sur la buée de la vitre une ligne nerveuse et claire que tu avais tracée et déchirée dans la nuit de ton doigt pour voir de la lumière, pour retrouver ta route, la route de ta fuite. Les lumières que tu avais requises par cette trouée se glissaient jusqu'à moi, me frappaient, m'appelaient. Je ne les voyais pas. J'évoquais ta main, ton doigt que tu avais retiré d'une caresse pour plonger dans la vie, la vie qui n'est pas à moi et je considérais, pâle, terrible, tout ce qui me restait de toi, cette égratignure de la vitre embuée.

Et c'est peut-être tout ce qui me restera de toi, un soir, pour mes autres soirs, une ligne de lumière sur un champ de larmes!

Et j'ai tort d'être triste: je t'ai.

Je t'ai eue là, dans cette voiture et je t'ai dans cette chambre où tu te risques, de plain-pied, de ton pied qui se déchausse.

La porte grise de ma chambre se dérobe, en un mur gris; elle est difficile à voir et à toucher, c'est comme une caverne qui s'enfonce au flanc d'une vieille maison, en face d'une loge où mes concierges achèvent de vivre, sans plus se hâter qu'ils ne se sont hâtés dans la vie, si vieux, si polis, si résignés!

Ma concierge entre, avant nous, de son pas de vieille femme, en notre temple d'adolescence d'hier, usée et morte pour permettre à notre extase d'aujourd'hui d'être chez soi, refait le lit, nettoie la chambre et traîne sa mécanique vieillesse en dehors, tire dehors sa pauvre vieille figure naïve et charmante en ses plis, comme une face qui n'a jamais menti, jamais trahi, qui ne sait pas, qui ne veut pas savoir.

Et nous sommes chez nous.

Je t'attends, à vrai dire, et je t'attends plus que de raison.

Je romps mon ban, à deux heures: j'ai déjeuné en public, après m'être levé, sans retard, et j'ai semblé manger avec plaisir, causer, m'intéresser aux mille riens de la vie publique et de la vie privée, en commun, et je m'évade vers notre intimité, vers toi, vers ma vraie vie.

Je monte lentement pour m'accoutumer au bonheur, pour entrer sans stupeur et sans clameur enthousiaste, en notre joie; je laisse un peu le jour mourir puis, pour te faire venir plus vite, je crée la nuit chez nous, je ferme les volets et je reste seul en face de la lumière, en face de cette lampe qui brûle pour toi et qui t'attend, qui t'attend.

En cette rue peu passante, où des voix s'alanguissent et s'en vont, où des sabots se suivent et se ressemblent, où les voitures d'enfant crient aigrement sous la lassitude d'invisibles nourrices, des voitures glissent, funèbres, emportant mon espoir, des voitures qui semblent entrer chez moi, de force, qui crient jusqu'à moi, qui marchent sur moi, en quel nombre! Tu ne sais pas, chérie qui ne viens pas, en quel état je me tais et je me tords.

Cette voiture qui tousse, qui crache, qui siffle va te déverser en l'acuité la plus qualifiée de ma fièvre, à la pointe de mon désir, au tourbillon de ma furie. Tu tombes à point et mon extase se ramasse, son leurre se double: c'est toi, c'est toi; la vérité, la volupté vont justifier mon erreur, vont jeter de la raison,—et quelle somptueuse raison!—sur le laborieux squelette de mon hallucination continue. Mon lit amical, mon lit d'attente va se transformer, je vais en bondir pour lui revenir avec toi!

Mais c'est en vain que j'ai gardé mon souffle: le fiacre sourdement s'éloigne! Heureux encore quand c'est un fiacre et quand, en ma folie, je n'ai pas promu au rang de fiacre, une patache d'épicier ou un camion de marchand d'eau de Seltz.

Je devrais, par un sens subtil, reconnaître de loin ta voiture; je reconnais toutes les voitures et j'exaspère mon désir, je peuple amèrement ma solitude et quand tu arrives, enfin! tu arrives tard, quand je t'ai perdue des fois et des fois et quand ma lampe a désespéré avec moi et qu'elle baisse, qu'elle baisse sous mes yeux clos.

Car je ne veux rien voir de cette chambre où tu fus, où tu n'es pas, de cette chambre où chaque objet me crie non ton nom,—je ne te nomme jamais,—mais ton corps, tout ton corps et chaque détail de ton corps, je ferme les yeux pour mieux songer à tes yeux clos, à tes yeux rétrécis par l'extase et la volupté et laissant s'épaissir je ne sais, je sais trop quelle lueur trouble, grosse de divinité et d'infini!

Je ferme les yeux pour avoir un regard plus avide, plus frais, plus prenant lorsque tu t'approcheras, un regard qui se lavera sur toi de toute sa nuit, qui se reposera sur toi de tout son repos et qui te saisira et qui gardera assez de toi pour tous les pores aveugles de mon corps, de ma peau, pour les ventricules et oreillettes aveugles de mon cœur, pour toute mon anatomie éparse, pour mes entrailles, pour mon âme, pour tout moi.

Je tâche à t'oublier tous les jours pour que tu me sois nouvelle et enchanteresse, pour que tu m'éblouisses de ta fraîcheur, de la magnificence ambrée de ta personne, de l'harmonie changeante de ton être! Tes yeux ont une manière de fixer, de laisser retomber ce qu'ils fixent, une manière d'attirer, de juger, de négliger, si particulière!

Tu as une franchise si claire et si nuancée des yeux, de la bouche, des bras, du corps! Tu as une pudeur et une honte si fières! Et tu as une telle douleur en toi, une douleur si éternelle et si belle!

Ah! chérie, comme il faut que je précipite ma sensualité! Comme il faut que je précipite toutes les nuances de ma pitié, de mon admiration, de mon respect! Comme il faut que nous nous hâtions!

L'abat-jour enfoncé sur notre secret, les draps tirés sur notre frisson, les lèvres collées à nos lèvres, muettes parce qu'elles ont trop à dire et nos âmes errant, s'attristant et se réjouissant à la fois!...

Mais ce serait un mémorial de fatuité, de vulgarité et de satisfaction parce que les nuances échappent, parce que de notre pureté, de notre innocence dans le péché, de notre fureur sainte, de notre emportement liturgique, de la lenteur passionnée de nos caresses, de nos caresses psalmodiées, il ne nous reste que ce que nous nous donnons l'un à l'autre et pour nous, chérie, pour nous seuls, pour ne pas transmettre aux autres, pour ne pas chuchoter aux autres, même en rêve!

Et, des jours où je t'ai attendue toute la journée, je me languis vers ma petite chambre, l'autre, là-bas, où m'attend l'éloquent enlacement de quelques phrases, bouclées, comme des bras d'étreinte, et qui me font pleurer, délicieusement, avant de dormir, qui me font dormir la bouche ouverte, serrée, ovale étroitement, en un baiser offert, en un baiser espéré, sans aigreur, qui dure toute la nuit et qui dure le matin, aussi, car je veux dormir longtemps, plus longtemps,—jusqu'à toi...

Les jours où je t'ai eue, je voudrais,—oh! à l'heure seulement où je rentre,—ne t'avoir pas eue, pour trouver une lettre de toi, pour tomber, le cœur le premier, en des mots et des phrases de toi, pour avoir la douceur réelle et la vaine douceur, plus subtile et plus rare, pour être heureux d'avoir été heureux, pour être heureux d'être malheureux.

D'ailleurs, sans vanité, tu peux être contente de moi: je ne t'ai jamais fait part de mes impatiences, je t'ai toujours accueillie comme la déesse la plus pure et qui prévient jusqu'au désir, j'ai été soumis, petit garçon, j'ai lutté avec toi de candeur, de gentillesse, de politesse, de tendresse, de gâterie et de cajolerie.

Et je t'ai fait pleurer deux fois, tout de même,—et c'était à cause de ton mari.

Je t'ai dit la première fois, tout simplement: «Je voudrais le voir mort. J'ai prié Dieu qu'il le fasse mourir.»

C'était vrai. Il t'avait empêchée de venir la veille, il t'avait même empêchée de m'écrire, il t'avait séquestrée, dédiée à des amis, à un dîner dont je n'étais pas, t'avait infligé des soins, des soucis, des inutilités et tu avais été la stérile esclave du foyer sans amour, du foyer qu'on ouvre aux étrangers, où on les convie, où on les fête, pour rien, pour empêcher tout un jour une amante d'appartenir à son amant, pour empêcher toute une nuit une rêveuse de rêver, d'espérer, pour la sevrer de joie et d'amour, de tristesse d'amour, d'amour chanteur et d'amour muet; j'avais demandé la mort de cet homme à Dieu comme je lui demandai des miracles qu'il m'accorda,—et que je ne me rappelle qu'en tremblant, du tremblement sacrilège et religieux,—et comme je lui demandai des choses simples qu'il me refusa, parce que c'était trop facile.

Et je te le dis, puisque je te dis tout, entre deux baisers. Tu ne fis pas effort pour retenir tes pleurs: un sanglot déchira ta poitrine, un sanglot te secoua et tu crias: «Non! non! je ne veux pas! je l'aime! je l'aime!»

Je dus te calmer, de baisers frais, de baisers de remords, en te berçant d'autres baisers; baisers odieux, et j'avais peur que tu les crusses teints du sang de cet homme.

Je te disais: «C'est pour rire», et tu pleurais plus fort et je te permis de l'aimer, en t'embrassant: «Oui, oui, aime-le, tu me feras plaisir. Je veux que tu l'aimes. Il est bon».

Et je te gardai pour te consoler mieux et pour te consoler tout à fait, en mon humiliation; nous nous aimâmes plus avant, pour l'amour de lui.

Une autre fois, tu pleuras parce que la veille, j'avais rencontré une ancienne maîtresse de Tortoze. Rencontre que je te citai, pour faire nombre, sans y penser.

Tu me dis: «L'année dernière, ça me mettait en fureur d'entendre ce nom. Toutes mes jalousies jaillissaient, tournaient, bouillonnaient. Ça me faisait pleurer: maintenant ça ne me fait plus rien. Que je suis malheureuse!»

Et tu pleuras, de sentir qu'elle ne te faisait plus pleurer. Tu pleuras ton ancienne jalousie, ton amour passé, tu pleuras à la pensée que tu n'aimais plus ton mari!

Je raille! A la pensée que tu pensais ne plus l'aimer, que tu l'aimais du fond de ton crime et que tu levais vers lui les yeux,—tes yeux en pleurs,—comme sur un maître lointain au lieu de les baisser vers lui, voûtée comme sur ta chose.

Et moi qui n'ai jamais eu de maîtresse, moi qui n'ai consenti à l'amour que parce que c'était toi, moi qui t'ai parée de mille voiles secrets de pureté et de divinité pour te déshabiller, moi, si hautain, si orgueilleux, si méchant, je t'ai laissée pleurer—pour ne pas te faire de peine et je t'ai demandé pardon—comme il est juste.

Je n'ai pas eu de révolte quand tu m'as dit:

—Il faut toujours que je te défende. Les gens ne savent pas, tu comprends. Alors ils t'attaquent devant moi, disent que tu es méchant, que tu n'as pas de cœur. Je leur réponds qu'ils se trompent.

—Ce n'est pas la peine. Ai-je été méchant envers toi?

—Oh! mon chéri! tu as toujours été parfait et si tendre et si câlin et tu as eu pour moi des yeux de bonté, de naïveté, des yeux qui ne croient pas au mal, des yeux de foi, de beauté et de splendeur. Mais je ne peux pas les leur décrire ces yeux-là, aux gens, je ne peux pas, pour leur prouver que tu n'es pas méchant, les introduire dans notre lit, les gens, et je veux tant, tant être fière de toi!

—Tu n'es pas fière de moi?

—Je voudrais être plus fière, d'une fierté qui tiendrait le monde. Je voudrais que les gens fussent fiers avec moi.

—Attaque-moi quand je ne suis pas là et dis-moi, à moi, du bien de moi.

—Voilà que tu deviens méchant. Je n'ai jamais pu hurler avec les loups: c'est plus fort que moi: je murmure.

—Merci, chérie, mais écoute: je suis gentil avec toi, n'est-ce pas? parfait, lyrique, calme? Eh bien! il faut que j'use sur les gens la méchanceté qui me reste pour compte, que je sois dur, méchant, d'avance, pour venir à toi, purgé, lavé, libre, pur, tout de hautes pensées, tout cœur, tout rire—rire sans dessous—toute lumière et tous baisers.

—Je veux te donner assez de joie pour que tu en éclates, pour que, de toi, il en jaillisse aux autres, pour qu'ils soient heureux par moi, par toi; je veux noyer ta rancœur de naguère, ton amertume de toujours, je veux te modeler de mes caresses, te recréer, te créer de mes caresses, je te veux beau, je te veux bon.

—Mais pourquoi les gens me blessent-ils de leur horreur, de leur vide, de leur néant? Pourquoi ai-je la faculté, la vertu d'indignation?

—Pardonne-leur.

—Ils ne nous pardonnent pas.

—Et pourquoi t'occupes-tu des gens?

—Ce n'est pas moi qui ai commencé.

—Ah! mon grand fou! comme je t'aime!

Tout est bien qui finit bien et je tâche, ensuite, à me dominer, à être indulgent, à louer et à approuver.

Et je reviens ici chercher de l'indulgence. Je l'attends. Les voitures hurlent et piaulent devant ma fenêtre aveuglée. Je suis plus impatient aujourd'hui que les autres jours et mon lit me paraît hérissé.

Ma lampe casquée de son abat-jour rouge m'appelle à elle. J'ai de l'encre. J'ai disposé l'inutile papier blanc qui demeure vierge chaque jour et que j'emporte pour le rapporter, à cette fin, je pense, d'entendre moins les battements indiscrets de mon cœur.

Et, aujourd'hui ma misère sentimentale évoque la misère de mon enfance; ma faim évoque ma faim de naguère, les baisers proches hèlent les baisers précipités de ma mère qui se répartissent, qui s'agglomèrent, qui se fondent sur des années et des années,—et tes larmes, tes larmes d'hier attirent, comme un aimant liquide, les larmes que je versais sur les joues et sur les genoux de ma mère et dont j'adoucis, quotidiennement, les angles de ma vie, au début de ma pauvre vie.

C'est le fantôme de mon enfance qui entre et qui vient, sans cruauté: je n'ai pas démérité de lui. Il me demande ma pitié, mon attachement. Il demande à l'amant, à l'être de tendresse et de bonheur que je suis, de la tendresse pour l'enfant pâle et sans plaisir que je fus—et je m'attendris et j'écris ma tendresse.

J'ai à saluer la veille d'une bataille mon meilleur ami, plus détesté encore que moi.

C'est mon enfance qui le saluera, mon enfance qui le lut, qui lui emprunta du courage et qui lui emprunta—il n'en était pas besoin—de la mélancolie et du mépris.

Je lui rends l'émotion que je lui dois, je lui apporte mon admiration, mon respect, mon affection et c'est mon enfance qui dicte, ma triste enfance et c'est mon émotion de jadis.

Toute ma misère m'est revenue et se tient droite entre les quatre murs et mes années sont là, d'un jet, qui furent sans femme et sans autre amour que celui de ma mère—qui avait faim.

Chérie, tu es douce: tu ne veux pas chasser mon enfance, m'infliger trop tôt la joie: tu me laisses revivre à mon aise ma misère et ma virginité.

Et quand tu viens, il est tard, trop tard pour être trop heureux.

Tu m'offres ton front, tu m'offres tes yeux, tu m'offres ta bouche, mais lentement, dans le rythme de ma mélancolie. Nous sommes des pauvres, exquisement, des pauvres qui ne trouvent qu'au fur et à mesure un front, une bouche et des yeux, des pauvres qui achètent—cher—du bonheur, pas réel, et des baisers timides, qui achètent de l'amour et qui n'insistent pas, pour avoir des regrets, pour avoir faim—encore, pour avoir envie de pleurer, en dormant, pour une moitié de joie et une moitié de désespoir.

Chérie, chérie, ma journée, ma page d'hier, c'est aujourd'hui de la littérature.

J'ai corrigé les épreuves de mon évocation, de ma misère, de ma sensibilité éternelle, de mon enfance. C'est imprimé, après des crimes, sous des crimes et ces phrases frissonnantes sont raides, en leur gaine de feuilleton comme un autre feuilleton. Des gens s'attendrissent dessus cependant—et il y a des pleurs mais je n'y veux plus penser.

Je m'évade de mon enfance, je m'évade de ma misère pour ne plus songer qu'à toi, chérie.

Te voilà: la lampe n'a plus l'air, parce que je ne veux plus, d'une lampe de vestale qui me rappelle mon histoire, mon passé et mes bégaiements, mes éveils de conscience, mes éveils d'ambition et de rancœur parmi de la faim.

Ce n'est pas un phare non plus qui ouvre l'avenir, d'une grosse lumière.

C'est le lampion de l'heure qui fuit et que nous ne laissons pas fuir comme ça, c'est le lampion d'une heure de joie, d'une fête, d'une débauche. Allons-y! Eh bien! c'est une débauche que la peur trouble et scande!

C'est vrai: (je n'y pensais plus!), nous nous cachons! c'est vrai!

En cette chambre qui est nôtre, qui est si nôtre, qui ne s'ouvre, qui ne s'entre-bâille que pour nous, en cette chambre qu'on ne découvre qu'avec de la bonne volonté, qui se révèle tout à coup, qui se déchire du mur sans en avoir l'air, tout le monde a le droit d'entrer—et le commissaire de police.

Les voitures que j'écoute, que je guette, que j'entends si impatiemment, si goulûment, les voitures que, par delà mes volets, je viole de mon oreille pour t'en arracher, les voitures d'espoir, les voitures de spasme qui t'amènent—enfin!—après un cortège de voitures avant-courrières, comme en un défilé, comme en une entrée d'impératrice, les voitures, dès qu'une voiture t'a jetée ici, à regret, nous deviennent ennemies et menaçantes.

Leur chanson change: c'est le danger qui grince, c'est l'inconnu—prévu—qui ricane, c'est l'obstacle, c'est l'horreur. Qu'une voiture s'arrête devant ma fenêtre et obstrue notre invisible horizon,—l'horizon auquel nous avons renoncé—de sa masse noire, tu t'apeures, tu trembles et tu veux que je tremble.

Les voitures viennent se briser contre notre étreinte mais elles reviennent et jonchent notre lit de débris coupants qui exaspèrent notre fièvre et notre torpeur divine, qui piquent notre lutte amoureuse comme on pique les taureaux dans les cirques et qui nous donnent l'un à l'autre comme on se donne devant la mort. Agonie qui se renouvelle, qui se multiplie et le spectre du flagrant délit, avec son écharpe, ne quitte pas notre lit et garrotte notre nudité. Quand nous nous rhabillons, je te dis: «maintenant, on peut venir, nous sommes plus honorables»; et on ne vient pas.

Plaisanteries qui nous brûlent la bouche et qui y coulent de la vulgarité comme du plomb fondu.

J'ai acheté un peu de feu parce qu'il fait vraiment très froid, et j'ai acheté une montre.

Vieille, très vieille montre symbolique, des amours s'y cisèlent en argent sur un cadran de cuivre et ce sont des amours mélancoliques et un tombeau. J'avais peur que cette montre ne voulût pas marquer l'heure, mais elle fut docile dès qu'elle vit qu'il s'agissait d'amour, et si elle s'arrêta un jour, c'est que nous n'avions pas assez joui de l'heure, l'heure qui fuyait.

Et puisqu'ici, c'est un journal de joie et un continu fragment.....

Nous ne nous sommes jamais tant aimés que ces deux jours. Voici deux mois que je ne vis que pour la volupté, mais jamais nous n'avons été impatients, aussi ardents, aussi hardis.

Nous avons été murés en notre volupté. La lampe lasse, la montre triste, nos tristes vêtements passés, nous avons cherché la porte, mais le feu s'est éteint sans nous attendre et le froid a gelé la serrure, a glacé la clef dedans: la clef ne tourne plus.

Et, dans mes efforts, je casse la clef. Ah! ta stupeur et ton effroi, chérie, ne durent pas longtemps: tu t'en vas par la fenêtre, sans ennui, et si crânement et si pudiquement, tu t'évades si joliment de notre bonheur! Et je ferme les volets derrière toi, derrière moi.

C'est un tombeau, notre chambre: tombeau qui se rouvre et qui ressuscite. Car je te retrouve le soir, presque seule, et je te retrouve si tôt, aujourd'hui, le lendemain et nous sommes si gais, si oublieux du danger!

Ah! chérie! chérie! Ce soir, je vais à une première et les mots d'amour qui s'y suivent, qui y rebondissent, qui s'y engendrent, me clouent, me foudroient.

Il faut que je tombe dans tes bras vite, vite, pour oublier que je suis malade. Nous ne devrions assister qu'ensemble à des spectacles où on parle d'amour.

Ensemble! mais tu t'en vas! tu es partie, après tant de baisers d'adieu que ce n'étaient plus que des baisers sans plus. Et il ne me reste plus aujourd'hui où tu pars tout à fait, que ton mari, que Tortoze et je m'attache à lui pour avoir quelque chose de toi.

Ah! j'ai bien envie de lui dire:

«A propos, je suis l'amant de votre femme»,

pour voir, pour rien, pour tout, pour qu'il me tue, pour qu'il te tue, pour qu'il te lâche à moi, dans l'autre vie ou dans celle-ci.

Et je suis las de cette vie de mensonge, qui me pèse tant quand tu n'es pas là, qui m'écrase sans excuse, sans consolation, quand nous ne sommes pas tous deux à noliser nos remords. Mais il est si gentil, si fraternel!

Et je pense trop à toi, en dehors de lui. Et je cherche trop à filtrer ses paroles, à filtrer sa présence pour n'en tirer, pour n'en garder à mes lèvres et à mon cœur que ce qui est à toi, que ce qui vient de toi.

Le soir tombe, la nuit commence qu'il achèvera avec toi, très loin, vers l'Italie.

C'est une nuit que je voudrais arrêter en sa longue course d'hiver, c'est une nuit que je laisse tomber et s'enfuir en soupirant, parmi mes sourires à Tortoze.

Et Tortoze me serre la main pour la dernière poignée de mains (c'est la centième). En le perdant, chérie, je te perds deux fois!

VII

ÉTRENNES LYRIQUES ET TRAGIQUES

J'ai passé la fin de l'année, le commencement de cette année-ci à songer à toi et à ne songer qu'à toi, ma pâle fiancée.

Tu vas me dire: «Ce n'est pas vrai. Je sais que tu passes tout ton temps— et tout le temps des autres—à songer à moi. Ne fais pas le malin. Tout le temps tu songes à moi,—et tu ne t'en portes pas mieux pour ça.»

Mais ne badinons pas: j'ai songé à toi la nuit de l'An—devant témoins.

J'étais dans un appartement lointain, avec quelques hommes de cœur ou d'esprit, d'esprit et de cœur, par hasard. C'étaient des hommes savants ou passionnés—ce qui est la même chose, qui pensent par métier, par oisiveté ou par vocation.

Ils pensèrent cette nuit-là: c'est dire qu'ils parlaient. Autour de cette longue table légère et blonde, parmi les lumières et les fruits, parmi les femmes qui se penchaient, qui écoutaient, qui chuchotaient discrètement, c'étaient les plus belles paroles du monde, de la terre et du ciel, aperçus nouveaux, aphorismes hardis, paradoxes aussi, mais paradoxes lyriques et des idées, des idées! C'étaient des plaisanteries aussi, des plaisanteries tantôt inconsistantes, tantôt éperonnées: c'était un concert, une mousquetade et des bombes, c'était charmant, exquis, vibrant, profond—et mieux encore.

Je voudrais trouver d'autres louanges encore et les plus larges cris d'enthousiasme, car je juge ces hommes sur leur réputation, sur l'estime que j'ai pour eux et sur ma conviction que, cette nuit-là, ils se sont surpassés eux-mêmes: la vérité, c'est que je n'ai rien entendu, rien écouté, et que, si je ne connaissais pas mes éminents compagnons, je ne saurais même pas s'ils ont parlé: je songeais à toi, ma pâle fiancée.

Lourdement, profondément enfoui en mes rêves et en mes souvenirs, plongé comme en un sarcophage de roses et de chrysanthèmes dans l'humide et vivante ombre de nos baisers, pétrifié, pour ainsi dire, de notre molle tendresse, je ne disais rien, je ne sentais rien,—et c'est à peine si je mangeais. Je n'appartenais plus à ce monde. J'avais émigré.

Il y a dans la nuit de la Saint-Sylvestre, un trou, un coin très ignoré, où l'on échappe à ses amis, à la monotonie de sa vie, où l'on s'échappe de soi-même, où l'on galope sur des routes bleues et en des coulées de lunes. On visite des ombres, on salue de vieux regrets, de vieux remords, et l'on va, pèlerin nostalgique, parcourir d'un regard le Pays de Tendre, ce pays dont on ne sut jamais dresser que des cartes muettes, car, les vraies cartes du Pays de

Tendre, on ne les dessine pas, on les soupire et l'on ne peut rien y déterminer, pas même la place de son tombeau.

Cette nuit-là, je ne parcourus même pas le Pays de Tendre: j'y fus ravi en esprit, comme on écrivait au grand siècle—c'est le dix-septième que je veux dire—en esprit! j'exagère, car je n'avais pas d'esprit, j'étais lourd, comme on est lourd lorsqu'on est mort—et qu'on n'est pas mort d'amour.

Les mots autour de moi voletaient, s'entrechoquaient, se rencontraient, entraient l'un dans l'autre—et c'était comme un berceau d'arbres aux feuilles chantantes, comme le berceau de la nouvelle année que nous attendions en mangeant et en buvant et qui était venue toute seule sans qu'on s'en aperçût, sans qu'on fît attention à elle, qui était là, auprès de nous, sur nous, grelottant, mal lavée et grise.

Ah! elle ne ruait pas dans les brancards, elle ne se précipitait pas, la pauvre, pauvre année. Les hommes parlaient toujours; d'une année à l'autre, ils avaient jeté un pont de bateaux, un pont volant, un pont d'idées, de mots furieux, d'utopies et de plaisanteries. Et ils ne pensaient qu'à leurs pensées, et n'avaient pas la politesse, la sagesse de songer un peu à la petite année qui s'en était venue, qui était là, qui était triste, peu rassurée, et si petite!

Et je souris à la petite année.

Elle n'avait même pas la force de me sourire.

Je dis à une dame, à côté de moi:

—Je vous prends à témoin que je pense à ma fiancée.

Elle me donna acte de mon aveu et se remit à écouter les gens qui parlaient plus que moi et qui parlaient mieux. La petite année tremblait toujours. Je cherchai à la bercer en un discours.

—Petite année, lui dis-je, tu es jeune, tu ne sais pas, mais il y a beaucoup d'êtres qui tremblent plus que toi—à cause de toi. Ils croient que tu leur apportes des malheurs, des deuils, des hontes, des crimes, peut-être, ils t'imaginent agressive, armée et rosse, pour être de ton temps. Et d'autres te cherchent d'yeux égarés, d'yeux qui veulent voir partout la chance—et qui ne la voient nulle part. Petite année, je sais que tu es très bonne et que tu viens, nue, les mains vides et pauvre. L'autre année s'en est allée, à son honneur, sur des applaudissements de théâtre: elle ne t'a pas passé un bilan mais l'a caché dans un coin. Ne t'apeure pas, petite année, je te prends: pour que tu n'aies pas froid, pour que tu saches sourire, pour que tu saches aimer, je te dédie à ma fiancée, je te dédie à mon amie. Tu te réchaufferas, tu t'illumineras du reflet de ses yeux, tu t'adouciras à la clarté de sa bouche.

«Petite année, tu nous appartiens à nous deux, mon amie et moi! nous t'adoptons, tu es notre enfant, tu verras comme nous te ferons belle, riche et parée. Rassure-toi, tu es à nous. Tu nous apporteras les pires émotions, les plus belles inquiétudes, les plus douces, les plus farouches étreintes, et tu déchaîneras sur elle et sur moi, sur notre unique âme à deux bouches l'essor éclatant des gloires; tu nous donneras la terre et tu nous donneras aussi le royaume des amoureux, qui n'est pas de ce monde, mais qui contient ce monde—et les cieux.

Petite année, tu es bonne et tu seras meilleure à vivre avec nous—et de nous.

«Les années, quand elles naissent, sont toute bonté, toute bonne volonté. Mais il y a des hommes qui, peu à peu, les cognent, qui jettent des événements en travers, qui se jettent au travers des événements, et qui provoquent ainsi des chaos divers auxquels les années les mieux constituées ne peuvent pas résister. Tu seras douce, n'est-ce pas, petite année, à l'homme chez qui nous sommes et qui discute là-bas et qui rit comme il lancerait des coups de sabre. Et tu seras douce à tous ceux et à toutes celles qui sont ici—et aux autres, et à tout le monde.

«Non! petite année, tu ne seras pas douce à tous; les années ne sont pas faites pour être douces, elles sont faites pour qu'on les *tire*, comme disent les forçats, dans le bagne étroit de la vie. Mais, petite année, je t'ai prise, par pitié, je te garde, je t'aurais prise de force. Je ne te violerai pas, parce que j'ai juré fidélité à ma fiancée, mais je te garrotterai, je te ligotterai, je t'hypnotiserai. Sois tranquille, je ne me laisserai pas faire par toi: je te tiens.

«Quelqu'un qui sait tout et qui connaît les taureaux en outre, me répète que, d'un geste gracieux, les toréadors, avant de mettre à mort le taureau, le dédient à la plus belle. C'est ainsi que je te dédie à mon amie. Je n'ai pas envie de te tuer, petite année, mais je veux combattre; tu ne seras pas pour moi un an de repos, mais un an de luttes où, s'il en est besoin, je me créerai des ennemis, où j'inventerai des dangers et des obstacles pour pouvoir, pendant et après, être plus tendre avec mon amie, pour pouvoir pleurer avec elle plus de larmes et pour être avec elle plus longuement et plus inquiètement heureux. Petite année, je t'ai baptisée au nom de l'amour, va, je te souhaite d'être bonne.»

Par une des fenêtres entraient toutes sortes de lumières, des lumières menues qui tremblaient, qui s'enfonçaient dans l'infini: la Seine s'étendait sous elles et autour d'elles, immobile et lente. Les étoiles, le ciel grave, ces lumières qui se faisaient parfois rouges et vertes, cette lenteur de l'eau, tout assemblait un paysage sans âge, sans couleur locale, d'un charme vague, de la mélancolie la plus gracieuse et la plus cosmopolite. C'était Paris, certes, et c'étaient ses environs où des forêts poussent pour qu'on s'y parle amour, de très près, et c'était aussi Venise et c'était l'Ècosse, et c'étaient les pays nostalgiques, les lacs nostalgiques où glissent des barques et des rêves, et c'étaient un peu ces corridors des limbes où il ne passe personne et où, à deux, on ne regrette pas le Paradis.

Et ton âme, mon aimée, passa dans l'air léger de cette nuit et me regarda des grands yeux du fleuve.

Ce fut une nuit exquise. Je m'obstinai à ne pas parler, à rêver, à me laisser aller à toi, à me laisser, de loin, prendre par ton souvenir, par ton âme, par tout toi. Et, lorsque je revins chez moi, tout Paris m'apparut qui se donnait à nous, les Champs-Elysées, les quais, les places. Même je fus heureux tout à fait: mon cocher passa sans nécessité devant la colonne Vendôme. Je vis que l'année me voulait du bien, et je l'en remerciai poliment.

Mais je me suis trop hâté de me réjouir. Quelle idée m'a pris de dire au cocher de me «déposer» à un café du boulevard?

Pourquoi les cafés, cette nuit de l'an, sont-ils ouverts toute la nuit, et pourquoi le souvenir des terrasses où je rencontrai l'autre me hante-t-il à cette heure où l'année s'est changée? où arrive une année toute propre et toute pure?

C'est une de ces nuits d'hiver où il ne fait pas assez froid. On s'est assis à la terrasse d'un café et l'on a tâché à causer parmi les douze cris de minuit. On a ri un peu pour se persuader qu'on ne va pas être plus vieux d'une vieillesse soudaine et que la mort n'est pas plus proche: on a tiré sur les mots, sur les plaisanteries, on les a fait durer pour sentir un pont entre les deux années, pour y entrer mollement, sans s'en apercevoir, en se sentant même.

Voilà: le douzième cri s'est éteint, l'heure s'est homologuée à toutes les horloges pneumatiques de la ville, on est dans l'année nouvelle, franchement, absolument, de la tête aux pieds, des dettes aux espérances, jusqu'à l'âme.

Les minutes s'égouttent. On vit de la même vie, en un trouble. Et ce sera une nuit comme les autres nuits.

Non. Le boulevard s'émeut, frémit et devient tyrannique; le boulevard, opprimé par les baraques mystérieuses, le boulevard étranglé par les lumières Collet, par les camelots et les soldats permissionnaires, déborde, crache et vomit. Il vient à nous, roule à nous des hommes et des femmes. Ça chante et ça ricane, ça nous éclabousse d'un blasphème et d'un hoquet gouailleur, d'une plainte qui s'use à force d'avoir servi: c'est la misère et l'infamie qui viennent nous frapper au cœur et qui grimacent pour se faire reconnaître: vieilles connaissances, vieilles amies, parentes de province, maîtresses incestueuses d'hier.

On finit par regarder pour ne plus voir, pour ne pas sentir autour de soi les petites filles qui mendient comme elles dormiraient et les haleines d'assassins des vagabonds. Et l'on demeure, éternel, les yeux fixés sur l'horreur cinématographique du boulevard.

Qu'est-ce que cette foule-là?

Nous ne l'avons jamais vue. D'où sort-elle? Nous avons vu ce jeune homme à une audience de police correctionnelle, nous avons coudoyé ce policier dans une réunion anarchiste, et cette femme, nous l'avons vue qui riait à une représentation de mélodrame. Mais ce ne sont pas des individus, c'est un ensemble, c'est une procession, c'est une armée, c'est un monde: ça se tient et ça colle avec de la boue, avec des menottes, avec du blanc gras et de la mauvaise sueur.

Vieux hommes courbés, blanchis et sales, les yeux durs et fixes en une vision de revanche sur la société et le destin, filles en cheveux roux, cyniques et dolentes, les haillons, adolescents précis aux bouches féroces et aux paupières lasses, mûres courtisanes, terribles, mendiants et commis congédiés, simples pauvresses et scélérats à compartiments, ils tiennent le boulevard, bousculent et étouffent les infortunés bourgeois qui, les bras lourds de cadeaux, rentrent chez eux, et vont, les bras vides, les mains hésitantes et l'âme hésitante, devant nous.

Ah! ces regards qui ne s'arrêtent pas sur nous, qui nous percent, qui nous marquent et qui s'en vont! Ces mâchoires lourdes qui mâchent à vide, pour se faire les dents!

Et les gens marchent à vide aussi.

Nous entendons un murmure, nous devinons des paroles, un chant tacite, parmi ces chansons qu'on nous offre malgré nous. «Ah! disent ces gens, vous rêvez à l'année qui s'en est allée. Cette année, vous vous demandez si elle a été celle de ce romancier ou de ce souverain, de ce poète ou de cet inventeur, de cette utopie ou de ce vaudeville! Cette année a été presque la nôtre: elle a été celle de notre frère, de notre amant, de notre fils, qui a été guillotiné comme meurtrier, de notre ami qui s'en est allé au bagne, de par l'indulgence des jurés, et de notre camarade que voici, qui a été meurtrier, violeur et faussaire, mais qui est malin et qui a de la chance. Vous vous demandez que sera cette année; vous demeurez anxieux au bord de cette année en cherchant à deviner ce qu'elle apportera, à qui elle sera. Ne vous fatiguez pas. Cette année, c'est à nous, c'est nous. C'est nous, les faits divers, les cours et tribunaux de cette année, c'est nous, les drames de la misère, la faim, les cris, la fatalité de cette année. Vous nous retrouverez à la troisième page et à la première page des journaux, dans les vedettes et les manchettes des quotidiens et dans les terrains vagues avec des coups de couteau au flanc, vous nous retrouverez épars en des héroïsmes coloniaux (car nous sommes braves en dehors des fortifications) et en des maisons centrales du Midi, parce qu'on y est très mal. C'est nous qui mourrons et qui tuerons pour emplir cette année et c'est peut-être vous qui nous ferez mourir de faim, sans le faire exprès, et c'est peut-être nous qui vous tuerons, par hasard. Nous passons devant vous sans haine: nous ne vous connaissons pas. Vous aurez des paroles éloquentes sur nous, à distance, que nous n'entendrons pas, et nous nous rencontrerons, sans nous rappeler que nous nous sommes croisés déjà. Regardez-nous bien: vous ne vous verrez plus en troupe, vous n'apercevrez plus notre horde maudite et sainte: c'est une sortie du destin et de la légende, un défilé, un défi, une promenade de méditation au bord d'un précipice, au bord de l'action, avant nos petites escapades, notre révolte et notre bond vers l'Enfer. Regardez-nous bien: nous valons la peine d'être vus, n'est-ce pas?»

Oui, vous valez la peine d'être vus et d'être regardés, misérables! Vous êtes plus sinistres, plus amples, plus riches et plus grands, en votre sordide bassesse, que les gueux de Callot, de Goya et de Luce. Vous avez des rides infinies, des instincts et des remords en relief, vous êtes ciselés de toutes les gangrènes, mais nous n'avons pas besoin de vous regarder: nous vous connaissons.

Nous nous sentons en ce moment veules, sans souffrance et sans vie: c'est que vous vivez pour nous. Nous savons qui vous êtes: vous êtes nous, vous êtes nos vices et nos crimes—et vous êtes pires et pis: nos nuances d'âme; nos hésitations devant le Bien et la Beauté, notre manque de pitié, nos faiblesses, notre lassitude et notre ignorance, c'est vous.

L'année qui s'en est allée pèse toujours sur nous; elle est lourde. Nous nous sommes attardés à des sottises, à de la médiocrité. Vous êtes tout ça. Vous êtes les mots méchants que nous prononçons et auxquels nous ne pensons plus, et auxquels des gens pensent toujours; vous êtes les semences de haines que nous avons laissées, négligemment, au cœur des hommes et des femmes et les semences de haine qui germent en nous, à notre insu; la mauvaise volonté des autres et notre mauvaise volonté, le frisson d'envie, le désir de vengeance, que nous avons en nous ou autour de nous.

Ah! nous faisons effort pour nous sentir, cette nuit au moins, libres et bons! Vous êtes notre esclavage de vices, notre embarras de souvenirs, notre odieuse mémoire, notre conscience, notre fatalité, le mal que nous avons fait, le mal que nous sommes, le mal de la terre, le mal universel. Mais vous êtes le mal de l'année dernière: vous êtes nos remords en guenilles, nos remords à casier judiciaire qui passent devant nous et qui s'en vont. Vous vous en allez, n'est-ce pas? Vous avez des cauchemars à promener ailleurs et vous avez à disparaître. Vous êtes l'année passée.

—Mais non, ricanent les hagards promeneurs, nous sommes cette année-ci, l'année qui court déjà. Nous sommes de pauvres vagabonds, de modestes criminels, des individualités de la cambriole et de l'attaque nocturne; mais si vous voulez faire du symbolisme à notre propos, ne le faites pas à faux, messieurs. Nous vous connaissons, nous aussi. Tout à l'heure, chez vous, vous allez découvrir que, décidément, vous avez de belles âmes, de belles âmes toutes neuves, toutes fraîches, des âmes de foi, de calme et de liberté. Nous voulons bien, si ça vous fait plaisir, être vos crimes et votre horreur. Mais pas d'erreur! Vos crimes et votre horreur de l'an passé, c'est une affaire entre l'antiquité et vous, c'est enlevé, pesé, placé à intérêts composés; ça compte pour la retraite, ça nous est égal. Nous sommes cette année-ci, vos crimes et votre horreur de cette année. Lisez en nos faces, en notre hideur: vous y lisez les actes inqualifiables et qualifiés que vous allez commettre. Le remords! le souvenir! nous ne tenons pas cet article-là. Nous sommes l'avenir, l'avenir immédiat: ce n'est pas beau? Et pourquoi, subitement, seriez-vous plus beaux, plus vertueux? De quel droit la grâce serait-elle venue vous toucher parmi vos bocks et votre monotonie?

Je gémis—en moi-même—vers cette effroyable foule.

—Où avez-vous pris ma monotonie? J'ai été heureux, j'ai été triste—et si magnifiquement, si diversement! J'ai été beau, j'ai été bon!

Ma laideur d'âme, je ne la connais pas et cette année a été l'année de mon amie et de notre amour!

C'est une année qui s'est étiolée, qui s'est maladivement étirée parmi mon attente, qui s'est traînée jusqu'à notre rencontre et qui est morte voluptueusement au cœur de notre volupté.

Et elle se renouvelle, elle renaît pour nous, simplement, comme se font les miracles et comme se tisse l'éternité.

Ce ciel bas, ce cauchemar qui marche, cette épave désolée qui est le passé, ce fantôme d'épave, la conscience des autres, qui passe devant moi en boue et en loques, cette ville qui semble s'ouvrir et se prêter à des scandales, à des fièvres sans noblesse et à des torpeurs, ces gens, autour de moi, qui affermissent sur leur âme le masque de leurs manies et de leurs vices, rien ne peut souiller mon espoir, rien ne peut amputer mon ardeur et mon enthousiasme.

J'aime! j'aime! et je suis aimé. J'aime et je suis aimé à travers l'espace: elle est loin, celle qui est ma fiancée, que j'ai élue ma fiancée par delà les obstacles, celle qui est ma fiancée, de toute la beauté, de toute la sainteté, de toute la magie des liens d'amour.

Et, en ma solitude, j'aime sans amertume.

J'aime mieux, d'être seul.

Je cueille fortement, profondément des nuances qui m'avaient échappé, parce que j'allais au plus gros.

Des télégrammes chantent autour de moi, un télégramme que tu avais envoyé devant toi pour m'annoncer que tu venais et qui me surprit, parmi ma peur, comme un baiser d'ange surprend en un bagne. Tu me rappelais un fin baiser dont je venais de t'effleurer, à peine, en secret, un tout petit et tout pauvre baiser, même, volé et que tu confiais à mon souvenir avant de te confier, avant de t'abandonner.

Et ce sont des pudeurs à toi et des scrupules à toi—c'est tout comme— qui me reviennent, ce sont les mille riens qui m'attachent à toi à jamais et qui te font divine entre les déesses, humaine entre les femmes et c'est une tendresse qui s'épure, qui, en dehors de la passion, sans brutalité, devient si haute, si délicate, si essentielle et si simple, de la douceur et, parfaitement, de la tendresse. Et c'est pour moi un lit subtil de gentillesse, c'est le délice sans remords, sans vulgarité, un délice de conte de fées et un délice platonisant et pétrarquisant.

Comme je t'aime, chérie! Tu erres aux paysages mêmes où erra Pétrarque: tu respires dans les champs et dans les villes de l'amour et de la poésie, du désir et de l'éternité, mais tu y respires aussi de la solitude. Tu fais un voyage de noces sans nouveau marié et un voyage d'amoureuse sans amant. Tu dois te mettre en quête d'un bureau de poste étranger, perdu dans les ruines, dans la poussière et dans le pâle soleil, pour m'envoyer une lettre brève, tremblante encore, après un millier de lieues, du tremblement de ta main—et, dans toutes les villes qui invitent à l'amour, tu dois penser à moi— qui suis loin.

Et moi aussi, je dois faire un voyage. Je dois monter à notre chambre pour y trouver ta lettre et je dois la lire chez nous, la lire au lit vide, au feu éteint, à la lampe pas allumée et je dois m'attrister de leur tristesse et m'irriter de leur cynique espoir.

Mais chez nous, je songe à tant de choses qui n'y furent pas, à des coups d'œil, à des dessins de baisers, à des caresses d'yeux, à un envoi de tendresse infinie, jaillissant droit d'un regard, à des pressions de mains, à des élans à peine indiqués de ton corps vers mon corps et à d'infinies soirées passées à nous désirer tous deux, en des salons amis, en une foule.

Je savoure le passé, j'amasse peu à peu des pétales effeuillés et je me sens défaillir sous une jonchée de souvenirs exquis et épars, sous une mer lumineuse comme de petites larmes sans douleur, sous un univers d'émotion qui m'étreint et qui se laisse étreindre.

Mais, chérie, combien il eût été plus doux d'ouvrir l'année ensemble et de la happer naissante, avec toi, avec moi, de nos bras nus!...

VIII

JADIS ET PARALLÈLEMENT

Il faut que je fasse mon apprentissage.

Mon apprentissage d'amant.

De l'amant dont la maîtresse est en voyage.

Et que je me tienne très sage.

Attendant en vulgaire amant.

Ma maîtresse malgré soi volage.

Et qui d'ailleurs doit revenir incessamment.

Il faudra que le précipice de ton absence, chérie, se comble harmonieusement, des fleurs renaissantes et créatrices, des fleurs d'argent, des fleurs grises qui poussent de notre hier, et il faudra, ah! ça, il le faudra! il faudra que les Italies, que les voyages, que les dieux jaloux te rendent à moi.

Mais voici des gens qui emplissent mon présent.

Et voici une femme, Hélène.

Je la connais: c'est une année de mon existence.

Je ne l'ai pas rencontrée, je l'ai vue. Elle jouait des comédies diverses, qui ne devaient avoir qu'un soir. Elle ne me disait rien.

Ses traits n'avaient rien de ce qui constitue la beauté, selon les dissertations des professionnels de l'esthétique.

Puis, après des mois, je la rencontrai. C'était le temps où je sortais de l'obscurité et où les journaux parlaient de moi, l'un après l'autre.

Elle s'excita un peu sur ma gloire neuve, en l'imaginant à soi, m'approcha pour cueillir sur moi le secret de la chance et s'attendrit et ne trouva plus que de la fraternité.

Je m'attendris à mon tour, plus lentement, et ce fut une camaraderie songeuse, affectueuse et frissonnante. Nous nous contions nos enfances pareilles, nos misères pareilles et nous attendions le destin, en des cafés.

Bohème sentimentale plus que passionnée: Hélène appartenait à un autre, solidement. Elle portait un nom prédestiné.

Elle attirait, attachait.

Des gens l'avaient aimée, sincèrement, avant qu'elle eût du talent, l'avaient aimée pour elle-même, pour son corps et pour ses yeux farouches. Et elle me fut de l'émotion, des envies de pleurer, des crises d'humilité, un joli bruit de paroles et un joli silence, de l'humanité teinte en roux, un sourire et un mutisme fixe et attentif de chien d'arrêt qui guette l'avenir.

Et, Hélène, je te connus furieuse, agressive, méchante: c'est que tu te défendais d'avance ou en retard, contre la guigne d'avant-hier ou d'après-demain: tu m'injuriais, tu me raillais parce que tu avais peur et je ne répondais pas parce que je t'aimais et parce que, somme toute, j'étais plus «arrivé» que toi.

Nous fûmes un chaste ménage d'aventuriers pas en ménage, qui conspirent et qui s'arment: nous parlions art, nous nous partagions les mondes, nous pataugions dans de l'azur et de la pourpre et nous nous fâchions de temps en temps, pour ne plus penser qu'au présent, parce que nous nous effrayions de nos ambitions nouvelles, qui se gonflaient, qui s'affolaient d'être ensemble.

Et les honneurs te vinrent et tu disparus.

Tu revins un soir pour me dire des choses dures et te revoici.

Tu es tout à fait fraternelle. Un peu plus triste, peut-être, d'avoir moins à désirer—et nous avons un an de plus.

Je t'ai demandé si tu allais bien: tu vas bien. Je t'ai demandé si tu étais contente: tu es contente.

Je n'ai plus rien à te dire.

Mais c'est plus fort que moi: ma vieille sensiblerie me reprend. J'ai envie de m'émouvoir et envie de pleurer, à te voir. Et, de ma voix des soirs de reproche, de gronderie, de bouderie et de lassitude à deux, je gémis: «Hélène!»

Elle me regarde de ses yeux qui gouaillent gentiment et qui dansent, comme une gamine qui fait danser un petit voisin, pour le consoler, et de sa voix de courage, de sa voix décidée, de sa voix de combat, elle interroge: «Qu'est-ce que vous avez, mon pauvre Maheustre?»

Je n'ai rien: j'ai tout, le cœur le plus trouble, le plus vague, le plus grouillant du monde. Ça ne s'exprime pas.

Je répète: «Hélène!»

—Voyons, voyons! Soyez sérieux.

—Je suis sérieux, Hélène. J'aime.

—Ah! encore!

Car j'ai aimé. Je me suis perdu en des déclarations éloquentes. J'ai déclaré à Hélène que je l'aimais, sans préciser ce que j'aimais en elle. «Je vous aime c'est bref», mais je suis froissé de son «encore».

—Vous vous trompez, Hélène. Le mot «encore» n'a rien à faire ici. Ce n'est pas vous que j'aime.

—Ah! ce n'est pas trop tôt.

Je pourrais lui faire remarquer que mon amour ne l'embarrassa jamais beaucoup, que ce lui fut plutôt un collier d'améthystes lointaines qu'un carcan de fer, mais je suis emporté par mon lyrisme, et mon cœur éclate semant du sang et du ciel sur les routes que, là-bas, là-bas, suit et traverse mon amie.

«J'aime, Hélène, et je suis aimé. C'est une idylle, c'est, c'est...»

Je n'entends même plus mes paroles. Elles vont, jaillissent, rejaillissent et c'est très bien, très noble: ça me serre, ça me brûle la gorge: c'est mon amour qui s'épand, qui s'épanche, c'est le bonheur qui crie et c'est le désir qui, avec la satisfaction et l'espoir, forme un chœur: c'est une hymne, c'est une épopée: la grande ombre de la volupté se penche sur la terre.

Et Hélène, d'une voix étranglée, conclut: «Ah! Maheustre, pourquoi n'avez-vous pas eu la patience d'attendre!»

Attendre?

Qui? Toi?

Hélène, Hélène, je me suis excusé tout à l'heure de ne plus t'aimer. J'ai ajouté que c'était ta faute, que je m'étais enivré d'une ivresse plus forte lorsque j'avais trouvé une amie qui s'offrait, à la pensée que tu ne t'étais pas offerte.

Mais, Hélène, j'ai eu tort: tu ne t'es refusée que parce que j'ai bien voulu—et tu t'es donnée, dans ta vie.

J'aurais été humilié de te posséder puisque je ne t'aurais même pas prise.

De la pudeur, Hélène! Je ne t'ai pas eue parce que je t'ai réhabilitée, pour moi seul, pour moi, d'un amour sans désir, d'un amour de pitié et de fraternité, d'une intimité de pensée, sans arrière-pensée et je t'ai créée vierge, pour moi, à mon non-usage, je t'ai créée muse *in partibus infidelium*.

Ma sœur, tu te jettes là en une affaire de chair, tu te jettes sur mon désir et tu le saisis à pleine mains. Ah! Hélène, mon pauvre vain désir qui ahanne, qui cherche, qui hésite! mon pauvre vain désir, tu le détourneras facilement et tu jetteras sur notre pur passé le lourd reflet de notre enlacement.

Car, à l'époque où j'effeuillais avec toi l'avenir, je ne me souciais pas de chair, je niais la chair et j'élisais comme compagne et comme maîtresse la Puissance et la Gloire, incestueusement.

De l'humanité et de la divinité, l'irréparable m'ont assailli au détour d'un chemin et j'ai la bouche amère d'un goût de volupté, le cœur tanné de regret et le corps oint d'une sueur avide.

Tu regrettes? Tant pis. Car il est encore temps, tu sais, il est encore temps! Et le souvenir, après tout, sera meilleur.

Non. Car on ne touche pas au passé.

Hélène, Hélène tu demeures songeuse. Tu imagines une *cour* selon les principes de l'hôtel de Rambouillet, une interminable école de fidélité, *avant*, un culte d'attente, de fièvre discrète, de respect et de subtilité dans l'innocence. Tu as tort encore.

Car c'est moi qui ai attendu.

Et c'est Claire que j'ai attendue.

Tu as été, toi, un prétexte d'attente, une halte, une étape, la petite fille qu'on rencontre sur la route et à qui parfois, on demande son chemin, tu as été—peut-être—la tentation—qu'on déjoue,—qui tâche à vous détourner de votre but, qui tente en se laissant tenter et ne succombe pas pour faire succomber.

Et, Hélène, j'ai en ce moment, de mon isolement, de mon regret, de mon ardeur complices, la caprice de t'emmener là-bas, chez nous, pour un adultère pire que l'adultère, pour une étreinte si coupable et si inutile, à laquelle nous ne pourrions pas nous accoutumer. Mais tu remets ton manteau, sans hâte, et tu me tends la main et tu as toujours aux lèvres ton: «Pourquoi n'avez-vous pas eu de patience?»

J'irai seul à la chambre de mon amour—et je penserai—un peu trop—à vous, Hélène, qui fuyez, qui avez fui mélancolique et qui caressez un songe auquel vous ne consentiez point et qui vous devient précieux et cher aujourd'hui parce que j'ai dépassé ce songe et que je vis en un autre songe, plus haut.

Et voici que, chez moi, je ne sais comment, je perds ma clef. Il faut le temps d'en faire faire une autre, une clef qui n'aura servi à personne et qui ne servira qu'à nous: c'est le temps d'aller voir Alice.

Alice, c'est ton amie, chérie. Vous avez souffert ensemble de vos premières dents et vous vous êtes partagé les fées des premiers contes de fées: Alice prenait Urgèle, parce qu'elle a toujours été gourmande et tu prenais Carabosse, parce que tu avais bon cœur.

Vous vous êtes penchées ensemble sur des prières de jeune fille, sur de l'anglais et sur des manuels de politesse. Vous avez souri et rougi ensemble: on vous a enseigné la pudeur, à petits coups, conjointement et vous avez attendu des fiancés,—toi un peu plus longtemps, chérie.

Il y a le reflet de l'une de vous sur l'autre.

Lorsque j'étais jeune et que je commençais à t'aimer, je m'arrêtai un peu à croire que j'aimais Alice, plus proche, que j'avais saluée chez toi. Et je lui fis la cour, en songeant à toi, je lui avouai ma flamme, ardemment, en songeant à toi et je vais la voir, pour parler de toi. Elle n'est d'ailleurs confidente que par accident. Elle a toujours eu des aventures personnelles à conter—qu'elle ne conta pas—et elle t'initia à l'adultère par l'exemple, comme elle t'eût appris le trictrac.

Et c'est, un bonheur pour toi, chérie, d'avoir eu du cœur et de l'âme—et de m'avoir, moi, qui ai du cœur et de l'âme, car nous n'avons été adultères qu'accessoirement, sans y prendre garde, étant avant tout amants et si aimants, si tendres et si doux que nous sommes sans péché, devant Dieu.

Et tu aurais pu être adultère, sans plus, de par ta petite aînée, Alice.

Elle envisage notre passion comme une «liaison». Elle s'en exprime assez librement, me plaisante un peu de ne lui avoir pas été fidèle, à elle Alice, et me regarde fixement pour m'infliger des remords.

Et je songe à son amant, M. Ahasvérus Canette.

M. Ahasvérus Canette se nomme Canette du nom de son père et Ahasvérus parce que ce père se mourait d'admiration pour M. Edgar Quinet.

M. Canette père était né en un temps malheureux où les prénoms magiques avaient cessé d'être à la mode et n'y revenaient point encore par la porte basse des romans et du romantisme. Tout ce que ses parents avaient pu faire pour lui, ç'avait été de le mettre au monde, d'abord, et de le nommer Adolphe par un reste de déférence pour le député Benjamin Constant.

M. Adolphe Canette ne se consola jamais de sa prénominale obscurité. Et la vie lui fut très dure. Il n'obtint pas de mourir pour la liberté sous Louis-Philippe, pour les *Burgraves* sous Ponsard, pour les barricades sous Cavaignac et pour Changarnier sous Louis-Napoléon. La loi dite de sûreté générale ne l'atteignit pas: il reporta toute son affection native et déclamatoire sur l'enfant que la compagne de ses jours lui offrit pour ses étrennes avec un bonnet grec, à son retour d'un banquet glorificateur des *Cinq* et de l'idéale République. Puis il mourut d'une fluxion de poitrine d'indignation qu'il conquit sur le cadavre de M. Thiers.

Le jeune Canette reçut son prénom d'Ahasvérus comme il eût reçut le baptême, froidement. Il ne cria point, ne pleura point ou plutôt s'il cria, ne cria point et ne pleura point pour cela, simplement parce qu'il était jeune, et que, pour les enfants, c'est une manière roublarde de faire croire qu'ils comprennent déjà, qu'ils parlent déjà, et que—déjà—ils sont des intellectuels. Son père l'eût aimé parce qu'il était laid, en souvenir de Quasimodo; sa mère l'aima tel quel, comme ça, en ne négligeant pas d'aimer autre chose, particulièrement un trompette de cuirassiers, laissé pour mort sur le champ de bataille de Gravelotte, et qui, par la suite, la charma et la séduisit, pour tout dire, de ses qualités de bon vivant. C'est en cet intérieur que grandit Ahasvérus. Le trompette l'appelait, non Ahasvérus, mais Baba et Machin.

Au lycée où le conduisit la suite de l'idylle de sa mère, ses camarades l'appelèrent Chactas, sous prétexte que, Chactas et Ahasvérus c'était kif-kif. L'enfant fit des progrès continus dans la culture et le culte de la médiocrité, se révéla cancre accompli et ne négligea rien pour se maintenir à la hauteur de sa naissante réputation. Il termina ses études assez tard (sans les terminer), fut assez tard refusé à son baccalauréat et se décida assez tard à ne rien faire, sa mère morte, le trompette paralytique général (bel avancement pour un homme sorti du rang) et mit en valeurs ou en non-valeur son patrimoine. Il fit la vie, se coucha tard, se leva tard, apprit lentement à avoir la bouche pâteuse, à appliquer un monocle neutre sur une paupière plus neutre, et à répondre par des mots qui ne veulent rien dire à des diseurs qui ne veulent pas faire des mots. Il prit des joies du monde ce qu'on en peut prendre entre ses dix doigts quand on gante 8-1/4, et eut des tailles de femmes de ces proportions et pour une durée éphémère.

C'est ainsi qu'il atteignit la vingt-deuxième année de son âge, époque guettée par le destin des Empires et celui de M. A. Canette.

A vingt-deux ans, la grâce le toucha. Cet événement survint en un restaurant de nuit où M. Canette égrenait le chapelet coupable des maigres voluptés en compagnie d'une Champenoise entre deux âges qui répétait sans se lasser: «C'qu'on s'embête! C'qu'on s'embête! C'que t'es embêtant, mon chéri!» M. Canette, prédisposé à la méditation par la bonne chère, eut, parmi deux charitables exclamations de son amie, ce qu'on est convenu d'appeler une idée. Un mysticisme ambitieux, compliqué, puéril et pratique envahit son âme, et il s'écria, dans la stupeur générale: «Je vais m'établir franc-maçon!»

Il eut un succès très personnel, mais alla jusqu'au bout de son idée, et entra dans une loge dont son père jadis avait fait partie.

C'étaient des francs-maçons qui, pour suivre le rite écossais, n'en pratiquaient pas moins l'hospitalité du même nom.

Il fut invité à dîner chez le vénérable de sa loge. Ce vénérable était un petit jeune homme blême et glabre, dont les aïeux avaient vieilli dans les honneurs maçonniques. Il n'avait par de conversation, mais il rachetait ce léger défaut par une complaisance exagérée. Ayant l'occasion de s'éloigner pour présider un banquet de garçons de banque (il était député socialiste de son métier), il pria Ahasvérus de tenir compagnie à sa femme, de nature délicate, impressionnable, et qui trouvait dans la solitude—fallait-il qu'elle fût *originale*!—mille prétextes à s'apeurer.

L'honnête Canette promit au vénérable d'attendre son retour. Mais il regretta bientôt son imprudence: Mme la vénérable, sitôt son mari dehors, se précipita sur lui, le domina de ses yeux pleins de flamme, l'assujettit sur ses genoux à elle, lui mit de force une partie de ses cheveux noirs dans une de ses mains, tandis que, portant son autre main à ses lèvres, elle la mangeait littéralement de caresses. Et la bouche pleine, d'une voix sombre, elle hurla, lionne amoureuse:

—Ah! mon chéri! comme tu as un nom magnifique!...

Ce drame eut des lendemains. Canette, qui avait cédé par faiblesse, céda ensuite par habitude.

Ayant effleuré de ses lèvres, la coupe du plaisir, il y noya ses remords et continua.

Il connut les appartements meublés où l'on attend... et il y attendit. Même, par lyrisme, il voulut écrire des livres inspirés par l'amour: *Étude des roulements divers de voitures qu'on entend dans la solitude. De la manière de reconnaître les voitures à leur son* (sic). *La voiture de la bien-aimée son approche, son odeur. Du flair des amoureux en matière de voitures. Des fiacres à galerie et l'égalité des sexes;* tranchons le mot: il fut, lourdement et sans modération, adultère.

Mais s'il fut très aimé, si même il n'aima pas plus mal qu'un autre, s'il eut le romantisme d'un conseiller de préfecture ivre-mort, il ne fut pas heureux. Son appartement meublé donnait sur la Madeleine, sur le derrière de la Madeleine, mais le derrière de la Madeleine, c'est toujours la Madeleine.

Des rêves troublants, des hallucinations le harcelaient: les mariages qui s'engouffraient là-dedans, qui venaient déranger Dieu et MM. les vicaires, ça le gênait, ça lui faisait quelque chose. Il avait soif de régularité. Non qu'il désirât régulariser sa présente situation et épouser sa maîtresse; sa pensée était bien plus haute et plus générale, il aimait la régularité pour la régularité, voilà. Et ce devint un sentiment amer, empoisonné, effroyable. Car la vie de M. Canette se dérégla, se précipita, s'écheloa. Son vénérable le présenta aux vénérables d'à-côté et d'en face, à des gens mêmes qui n'étaient pas vénérables du tout, mais qui n'en étaient pas moins hommes.

Et tous avaient des épouses, comme par hasard.

Je ne narrerai les péripéties aux suites desquelles M. Canette se réveilla—ou s'endormit—l'amant des femmes de tous ces hommes. Ce ne fut pas de sa faute, mais ce furent des fautes, en quel nombre! M. Canette suffit à la totalité de ses tâches: ses femmes lui avouaient qu'elles l'aimaient pour son nom, mais comme ce n'est pas un nom d'étreintes, elles en faisaient mille noms divers, l'appelaient Aha par rosserie, Sacha par patriotisme, Sévère par érudition, Dada par tendresse, Rara par cajolerie et Raca par sadisme. Il fut longuement le plus heureux des hommes. Et il n'était pas heureux! Est-ce que M. Canette était devenu le misérable pèlerin d'amour, l'homme sur qui pèsent toutes les joies amoureuses de l'univers et les siennes aussi, le porte-croix des baisers, le crucifié des étreintes? Était-il l'Élu de la Souffrance, le Néo-Rédempteur du Péché originel, le martyr de la caresse?

Non. Il avait des heures de joie, celles qu'il passait avec ceux qu'il trompait. Tous: il les lui fallait tous. Un, c'était bien. Deux, c'était mieux. Trois, c'était exquis. Quatre, c'était parfait. Cinq, c'était suave. Six, c'était délicieux. Sept, c'était sublime. Et son avarice envers les femmes, les sept femmes pour qui il n'avait qu'un appartement, fondait, s'évanouissait devant ses masculines victimes. Il leur offrait des dîners de corps (il ne se tolérait pas ce calembour vieilli), des liqueurs, des cigares, que sais-je?

Et ce n'était pas une ironie; il les chérissait, les estimait, les admirait, les enviait. Il était attiré vers eux par une fraternité secrète; en somme, il était né pour être trompé, lui aussi.

Mais quelque chose se dressait tout de suite entre eux, sept autres! Ah! mon Dieu! mon Dieu! Ses seules heures de bonheur! et ce n'était pas un bonheur complet! Bonheur empoisonné par des relents de baisers, par des reflets de voluptés. Horreur! damnation! Et comment en sortir? Répudier ses adultérines et passagères concubines? C'était se fâcher avec partie ou totalité des époux. Se marier? C'était changer de monde! Il était rivé à ses chaînes, à son métier de gigolo, à sa carrière d'amant.

Il vieillirait en cet emploi, avec son nom! Et qu'avait-il pour cela? Son physique, sa distinction! Ah! ah! Et quel ennui! Tous les maris avaient des histoires d'amour à raconter, histoires farces qui leur faisaient honneur à tous les points de vue et qui les posaient comme hommes d'esprit. Lui ne pouvait rien raconter, ne pouvait même pas avoir des sourires entendus, était muet pour cause de mauvaise conduite et stupide par devoir.

Et se sentant aimer de plus en plus ses maris assemblés, M. Canette maudissait tout ensemble feu M. Quinet, feu son père, le Juif-Errant et la franc-maçonnerie, causes de tout ses maux, Cupidon, Cypris et l'Amour.

Il était dans sa ligne, dans la suite de sa vie qu'il devînt l'amant de cette fatale Alice. Mais en cette aventure il fut,—proprement,—héroïque.

Ayant appris,—par un tiers,—que ses tentatives allaient être couronnées de succès, il alla aussitôt trouver le mari d'Alice, M. Antoine de Candie. Il lui tint cet authentique langage:

—Mon cher ami, on dit que je fais la cour à votre femme. Je n'ai pas à vous déclarer que je place au-dessus de toutes les considérations votre estime et votre amitié.

Antoine lui serra la main, noblement comme il fait toutes choses, et, le soir même, le destin l'emportant sur toutes les considérations et sur la déconsidération même, Canette était contraint d'accepter l'hommage du cœur de la mélancolique Alice et de lui offrir son propre cœur, en échange, suivant les règles.

Ça se passa très bien et ça dure.

Alice prend donc envers moi des airs complices: nous sommes les voisins, en somme, et elle ne fait entre nous et elle que la différence de son expérience, de son goût, sans doute, et de son bonheur professionnel. Elle nous traite en petits garçons: c'est ma première femme, Claire, et c'est son premier adultère.

Et malgré que sa sentimentalité native lui peigne toutes les amours comme éternelles, elle n'est pas éloignée d'envisager dans l'avenir de Claire une triomphale et sûre théorie de liaisons que j'ouvre, tel un tambour. «Vous êtes triste,» me dit-elle. C'est une conversation sans intérêt. Elle me pèse et me détaille du regard: suis-je encore son soupirant ou ai-je changé?

Et ce sont des comparaisons avec M. Canette.

Je file, je retourne à ma clef, terminée, toute fraîche, qui semble d'argent, clef d'une ère de fidélité et de tendresse, clef de la nouvelle année.

Je l'emporte, là-bas, où il y a des gens.

Les mêmes gens que toujours.

Mais, gigantesque, souriant, le monocle bien d'aplomb, élégant jusqu'à la frénésie, voici venir M. Ahasvérus Canette. Il ne se nomme plus Ahasvérus que dans l'intimité.

Contrairement à tant de gentlemen qui s'affublent d'un pseudonyme éclatant, il a choisi, pour le monde, en guise de nom de guerre, un nom simple et joli: Lucien.

Par une sorte de pudeur.

—Bonjour, Lucien, dis-je.

Et je le monopolise, dès son entrée.

Canette pourrait être surpris: je témoigne d'ordinaire peu de goût pour sa personne. Son cynisme, son égoïsme m'éloignent de lui. Mais il s'est habitué à tout, même à l'estime et à la sympathie. Et si mon affection l'étonne, c'est parce que je ne suis pas marié.

—Mon petit Canette, suppliè-je, vous restez dîner avec moi.

Il ne veut pas. J'insiste. J'ai à lui parler.

Et j'ai de la chance: il accepte, enfin.

Il s'est «fait» depuis ses débuts: il a pris ici de l'esprit, là du tact, ailleurs de la distinction: de faute en faute, il est devenu homme du monde. Il se tient, pense, écrit.

Et il me regarde avec un peu de dédain.

Je l'admire:

—Vous êtes un heureux gaillard, mon ami.

—Que voulez-vous dire?

Je vais être tout à fait ignoble: je vais entrer dans son secret et le faire entrer dans le mien, par réciprocité. J'ai tellement envie d'avoir auprès de moi l'ombre de mon aimée que je retiendrai cet homme, parce qu'il aime la camarade de mon aimée et qu'en nos paroles traînera un reflet.

—Ne faites pas le malin, Canette: je suis très au courant de votre affaire.

—Vous vous trompez.

—J'ai un amour autour de vous.

La phrase est sans élégance, est malheureuse: l'ex-Ahasvérus ne comprend pas.

Il a pris, en son accoutumement aux bonnes fortunes, la vanité de la divination. Il affecte de ne pas comprendre pour avoir le temps de trouver un nom et pour le jeter à ma stupeur.

Et, tout à coup: «Claire Tortoze! crie-t-il,—et du poing il meurtrit la table. Comment n'y ai-je pas songé plus tôt. Imbécile!»

C'est lui qu'il injurie ainsi. Et il met une grande bonne foi en son mépris. Pas de flair! mon bonhomme! c'est bien la peine d'avoir consenti au péché!

Tout de suite: «Mes compliments!» fait-il. Mais il n'insiste pas.

Sans transition: «D'ailleurs je me demandais pourquoi Tortoze s'était glissé dans notre société (*notre!*) et pourquoi je trouvais tant d'agrément à sa conversation. C'est un homme fort remarquable et, dans toute la force du terme, un tempérament. Ses dernières inventions sont des merveilles. Avez-vous vu le guéridon lumineux? Le cabinet de toilette électrique! Une puissance de quarante voltes!...»

Il s'y connaît en électricité! par devoir, pour pouvoir répondre!...

«Et fin, anecdotier! Figurez-vous qu'il est l'amant en ce moment de Néadarné, des Folies-Bergère. Et l'amant de cœur! Eh bien, mon cher...»

...Non, je n'entendrai pas ce que tu me contes.

Plus de mystère, mon ami, chuchote mieux: je n'entends pas! Je ne veux pas savoir. Tu as de l'estime pour lui, en raison de ses performances amoureuses! ah! ça m'est si égal!

Parle-moi de Claire ou plutôt n'en parle pas, ne parle pas. Reste là. Alice t'a parlé de Claire, comme Claire m'a parlé d'Alice et c'est une sensation intraduisible, c'est un émoi sans raison, une intimité sans dénomination, une fraternité, une atmosphère.

Et tu te tais et nous cueillons des souvenirs, des confidences, des rêves l'un sur l'autre, en nos silences.

J'oublie que tes amours sont compliquées, hérissées de subtilités, j'oublie la simplicité extatique, la naïveté passionnée de notre étreinte à nous et je communie, en nos deux péchés, en notre même péché.

Et puis tu n'es pas comique ce soir, ex-Ahasvérus. Tu es décent, grave, secoué seulement par une irritation qui s'obstine.

«Toutes les mêmes! à vous faire un mystère de tout! Elles se taisent et, après, on a l'air d'un serin, d'un homme qui ne sait rien et qui, de sa maîtresse, n'a que le corps! Elles nous prennent pour leur mari!»

Ahasvérus, Ahasvérus! des mots de vaudevilliste et de vaudeville! Il est vrai que tu es vaudevilliste mais ça ne t'excuse pas. Rentre en toi-même et sois juste envers cette réserve d'Alice: elle a arraché son secret à Claire, elle le lui a soutiré comme, au couvent, elle lui soutirait des pastilles de chocolat et des robes pour ses poupées et elle s'est endormie sur ce secret, dans tes bras, Canette: elle connaît l'amour, ses tourments et ses surprises, ses vicissitudes et son manque de sérieux. Et pourquoi s'occuper des autres? Elle veut être renseignée, pour soi, pour être digne de l'estime qu'elle s'est accordée et pour avoir un sujet de conversation, dans ce tête-à-tête avec Claire, un sujet de conversation qui dure, qui intéresse, hermétique, presque religieux.

Tais-toi tout à fait, mon ami, et rêvons. Nous rêvons: de temps en temps nous échangeons un mot, nous échangeons un peu de nos amours et c'est comme un répons qui fortifie notre amour, à nous et qui l'étaie, qui scande notre monodie muette et qui nous ancre en notre silence.

Et ça dure des heures. Nous emportons notre silence au spectacle et nous rêvons, entre des cris et des mots.

Et nous promenons ensuite notre silence dans les rues, dans les rues où il fait froid.

Des filles errent autour de nous et viennent briser contre notre silence leur bégaiement de tentation et les mots qui les déshabillent, horriblement. Parmi les sentinelles perdues de la prostitution, nous nous tenons en notre silence comme en une citadelle de la guerre des deux Roses et les tours de Barbe-Bleue aussi et de Madame de Malbrouck, d'où l'on ne voit rien venir.

Et je ne m'aperçois même pas que Canette me quitte, tant je rêve, tant je suis extatique, tant je regrette et tant je désire.

Eh bien! quand Claire m'est revenue, quand, après avoir épuisé en une heure tout ce que l'attente a de pire, de plus aigu, de plus amer, de plus rauque et de plus trompeur après une attente de trois semaines, quand j'ai pensé mourir en la sentant enfin en mes bras et quand en un baiser je lui ai donné l'année dernière et cette année, tous mes jours et mes soirs, elle se dégage de mon baiser, de son baiser à soi, de son amour, de sa fièvre, de son délire, affermit sa voix pour me dire que je ne suis pas raisonnable, pour me reprocher Ahasvérus Canette et notre dialogue, pour me gronder, pour me répéter qu'elle n'est pas contente de moi, etc.

Ah! chérie, comme nous nous aimons ce jour-là, pour t'obliger à ne songer qu'à nous, pour épaissir autour de nous notre secret, pour oublier l'amour parallèle, pour nous étreindre jusqu'à nous noyer dans le Léthé de l'étreinte! et comme nous nous aimons pour notre amour aussi et pour nous qui sommes tristes, qui sommes avides, pour rattraper les jours, le jour de l'an, la nuit de l'an et pour renouer, de baisers en baisers, la chaîne qui nous attache à des soirs d'automne de l'autre année et à des soirs d'été, à des couchers de soleil et à des levers de lune, qui, d'une année à l'autre, nous lancent leur sourire, leur grandeur et leur promesse d'éternité—comme un pont.

IX

LE CHAPITRE DES ENFANTS

Pour monter chez nous, chérie, il faut que je prenne l'omnibus.

L'omnibus, c'est—ou ce sont—deux omnibus. Le premier s'arrête en face de la Madeleine, au bord de la Madeleine. Je suis obligé d'attendre là quelques instants, des minutes, et malgré l'impatience qui m'enfièvre, malgré la peur où je languis de ta venue avant moi, j'attends sans trop de déplaisir, en un recueillement ému et amer.

Il y a des couples qui, le matin, qui tout à l'heure, sont venus chercher en cette église les bénédictions du monde et du ciel, qui ont appelé auprès d'eux les anges et Dieu officiellement et qui se sont éloignés—dans la paix.

Il y a des êtres aussi qui ont passé là, un à un, dans un coffre de bois oblong: ils allaient dormir auprès d'êtres chers—et il y a cette église aussi si longue, si grise, si lasse, lasse de pardons, lasse de confessions, lasse de prières hypocrites, lasse des craintes et des concupiscences, de la misère et du néant que suent ses fidèles sans foi, ses fidèles sans zèle.

Le second omnibus qui m'emmène me fait longer cette église accroupie, mal soutenue de piliers fléchissants, cette morgue d'âmes qui y croupissent, qui y pourrissent et qui y crèvent—car il y a des âmes qui ne sont pas immortelles—heureusement!

Et j'aime m'en venir à notre amour publiquement, dans du peuple, dans de l'indifférence et sauter, par-delà le vain marchepied, de la foule et de la médiocrité en notre intimité, en notre secret.

Tu me gronderais encore si tu connaissais mes omnibus... et tu me gronderais parce que tu ne les connais pas. Tu crois l'univers acharné à notre perte: notre perte n'est désirée que par deux ou trois pauvres diables. Et tant d'horreur, tant de candeur monte—où?—dans mes omnibus! Pauvres femmes sans âge, tannées, ravagées, mangées de soucis, figées dans le dénûment, pauvres hommes d'après-midi, hommes sans atelier, hommes de courses et de démarches qui au lieu d'être rivés à vos travaux, allez, venez, dérangez ce monsieur ou cet autre et vous, jeunes gens qui ne faites rien, et vous, vieillards qui véhiculez vos vieux os, péniblement, vers des soleils improbables, maîtresses de piano et maîtresses d'allemand, vous m'êtes une haie vivante—et si peu vivante—de torpeur, de monotonie, vous êtes ternes pour mieux me préparer à l'éclat vibrant et hautain, à la caresse claironnante et vibrante, à la chaleur chantante des bras que je sais, de la bouche que je sais, des cheveux que je sais.

L'omnibus, lui aussi, gémit des leit-motivs sur les lents et rugueux pavés qui montent, contre le chemin de fer: c'est lourd, pesant et triste comme il convient.

Et j'ai voyagé aujourd'hui en un omnibus presque vide. Ce n'était pas l'heure des promenades suspendues ou du labeur à distance. Nous n'étions que cinq ou six, sept peut-être et «une petite fille sur les genoux» qui ne payait pas sa place, pour des raisons d'âge.

Dès que j'entrai, je sentis son regard sur moi, en moi.

Et son regard ne me lâcha pas.

Ce n'était pas la séduction du miroir sur les alouettes ou de l'œil de serpents sur les gazelles, la froide et féroce séduction du mal, du fauve, de la perfidie. Le regard ne s'arrêtait pas sur un point précis ou sur ma hideur, il plongeait, sautelait comme la petite eût dansé à la corde, se plaisait à mille spectacles, errait parmi mon charme et ma fatalité.

Petite fille, toute petite fille, tu n'es pas la première petite fille qui me regarde et qui me sourit—car tu me souris de quel joli, de quel immatériel sourire, de quel sourire de fleur et d'étoile! J'ai voulu chasser ton sourire parce que j'ai toujours voulu tenter Dieu. Je t'ai fait les gros yeux d'un méchant monsieur qui mange les petites filles: ton sourire a percé mon masque de férocité, tout de suite, et est revenu se plonger au lac sacré de mon amour et ton sourire est devenu meilleur, pour mon effort, pour la peine inutile que j'avais prise et pour la joie que tu devinais en moi, à te voir me sourire, obstinément. Je cueillis en ton sourire toutes les promesses, tous les plaisirs, toutes les nuances.

Pourquoi me souriais-tu, de ton sourire et de ton regard?

Tu me disais—car les enfants savent tout—tu me disais, à travers le rythme de l'omnibus, sans parler: «Petit enfant, tu es un petit enfant comme moi, plus triste que moi et qui joue moins que moi. On t'a cassé tes joujoux dans la main quand c'étaient des spectacles, des héroïsmes, des hommes et des femmes et tu n'as jamais beaucoup joué. Quand tu étais tout petit, il y avait des leçons et la misère pour t'arracher aux jeux de ton âge et plus tard, tu achetas des livres et des lunettes pour les lire, au lieu d'acheter des toupies avec du soleil dessus. Et tu aimes les enfants, profondément, au plus secret de toi-même, parce que tu n'as pas été enfant et que tu l'es, toujours, comme tu serais infirme et les enfants t'aiment, par force, mystérieusement et ils sourient au petit enfant qui est en toi, qui ne fut jamais, qui n'a pas vécu et qui n'est pas mort. Tu as remarqué, n'est-ce pas, que tous les enfants t'aiment, qu'ils te sentent, qu'ils te sourient entre tous les hommes, qu'ils vont à toi, qu'ils se caressent à toi, qu'ils découvrent en toi un frère, un enfant et un dieu. Tu rencontras de petits enfants sur ta route et tu te détournas d'une ironie et d'une critique, d'un lyrisme même, pour être doux envers eux. Il y avait une petite fille que ses père et mère amenaient dans les bars parce qu'ils allaient dans les bars. Et ils y allaient parce qu'ils avaient du talent et que les gens ont du talent pour parler dans les bars, pour sourire à propos et pour rire quand ça fait bien. Ils n'avaient pas d'aversion pour leur petite fille mais elle ne buvait pas encore assez. Ils la laissaient, ils laissaient ses quatre ans sur le tapis et ricanaient d'autre chose. Tu jetas les yeux sur le tapis et tu ne ricanas plus. Tu te laissas glisser, tomber de tes vingt-trois ans aux quatre ans de l'enfant et tu lui dis: «Josette! Josette!» du ton d'un de ses petits camarades si elle avait eu de petits camarades. Tu ne lui demandais pas: «Voulez-vous jouer avec moi, mademoiselle» comme ça se fait dans les squares et dans les serres. Elle te dit: «Nous allons jouer à la blanchisseuse». Tu ne savais pas mais tu ne lui avouas pas ton ignorance. Elle se procura quelque part des serviettes, les numérota, les taxa, discourut dessus et t'interrogea comme, dans les jupes de sa mère, tapie devant l'intrusion d'une femme rouge et d'un panier, elle avait vu et entendu faire, croyant jouer en se souvenant, croyant jouer en se livrant à une mesquine et triste imitation, croyant jouer en se préparant à la vie, au ménage, à la servitude et à la minutie. Et toi qui ne sais pas jouer, tu voulus la faire jouer, vraiment. Tu la fis courir, tu la culbutas, tu la fis rire, tu la fis sauter, tu lui montras d'une fenêtre des gens en blanc qui remuaient des broches et du feu pour sa satisfaction personnelle et tu te roulas avec elle sur le tapis. Tu étais en redingote et c'était fort ridicule: tu n'eus pas honte. Et même lorsque, à un moment, tu fus fâché avec ses parents, tu continuas ses jeux, ayant peur seulement qu'on lui enlevât son plaisir, pour te punir. Les gens ne t'aiment pas: ils sont rebutés par ta mine, par l'inquiétude déchirante de ton âme, trahie par ta face, par les contractions grimaçantes de ton humanité, par ton dégoût, ton dédain, ta timidité, ta fièvre, ton labeur, ta douleur, qui marchent, qui s'exaspèrent, qui s'éternisent. Et tu ne sais pas marcher: tu cours, tu hésites, tu te rattrapes en une chute et tu voles même. Les gens gouaillent autour de toi, raillent tes cheveux, ton monocle, ta lèvre, ton déhanchement, ta complexité et ta naïveté. Les animaux sont plus simples: ils te comprennent, te lèchent, aboient autour de toi comme des complices et des annonciateurs, comme des compagnons de divinité et des francs-maçons d'une maçonnerie qui déborderait—en l'enserrant— l'humanité et l'univers. Et les enfants t'entourent et te tendent les bras.

—C'est que, petite fille, ils sentent à travers moi les limbes et qu'ils sentent qu'en mourant, être incomplet, pas assez impur et pas assez pur, être inconscient, impulsif, instinctif et boudeur, boudant contre son instinct et contre sa pureté, j'irais aux limbes comme les enfants sans baptême et sans crime et que je les retrouverais, les petits enfants et que je jouerais avec eux— enfin. Ils m'apprendraient à jouer. D'ailleurs je ne veux pas me vanter. J'aime les enfants. Ceux de ma génération ne les aiment pas et les fuient. Moi, j'en veux, à moi.

—Tu en auras. Tu vas...

—Petite fille, petite fille, ne poursuis pas. Tu ne sais pas comment ça se fait, les enfants.

—Enfant! Je ne te parle pas. Mais prends-moi comme je suis: je suis un symbole. Tu n'es pas symboliste, tu peux donc t'habituer à rencontrer un symbole en omnibus. Et ça ne t'arrivera pas tous les jours. Mais moi, petit enfant, je t'annonce un petit enfant,—pour bientôt.

—Quand? quand? petite fille...

Mais la petite fille descend car c'est le bureau des omnibus et elle s'éloigne—à si petits pas—tirant bas le bras de sa mère et éteignant dans la foule son sourire qui est le sourire de la Joconde et qui est aussi, dans d'autres tableaux, le sourire de l'Annonciation.

Elle s'éloigne, prophétie à jupons courts, prophétie à demi-place sur les lignes de chemin de fer, prophétie gratuite en omnibus—avec correspondance.

J'ai droit encore à une prophétie puisque j'ai droit à un autre omnibus. C'est un autre enfant, un petit garçon, s'il y a un sexe à cet âge. Il prend à peine le temps de me sourire, du sourire de la même petite fille et entre tout de suite en matière:

—Désirez-vous assez un enfant! Depuis que, petite fille encore, si jeune, si innocente, elle est tombée de son innocence dans les bras de son mari, désire-t-elle assez un enfant! Elle l'a désiré d'abord parce que, encore petite fille, pas encore désaccoutumée des poupées, elle a eu l'ambition d'en avoir une toute à soi, bien à soi, «fabriquée» par soi, d'une possession intime. Elle l'a désiré ensuite, par amour, pour avoir un objet d'amour, pour aimer. Elle l'a désiré ensuite, parce qu'elle ne l'avait pas. Elle l'a demandé à Dieu, puis à son mari, puis au diable, puis à toi. Et vous l'avez cherché ensemble sur les routes où, puisque la morale n'y passe pas, ne passe que Dieu et—son sourire et sa bénédiction. Te rappelles-tu? Un soir de lettre anonyme où tu attendais un omnibus de mélancolie pour pouvoir t'apeurer à ton aise, chez toi, en ton autre chez toi, comme l'omnibus (ta vie, ce sont des omnibus) ne venait pas, un camelot promenait des bébés en peau de lapin qui dansaient avec des grelots et des ficelles. Il te dit: «Monsieur Maheustre—il te connaissait parce que tu es au centre du monde et l'on te connaît sur le boulevard—achetez-m'en un pour vos enfants.» Il gouaillait mais tu fus ému, à crier, à pleurer. Cet homme qui, ce soir de solitude, ce soir de lettre anonyme où tu voulais errer anonyme toi aussi, t'enfuir et te terrer loin des dangers et des craintes, venait à toi, t'appelait par ton nom, te parlait de postérité, qui, comme dans la Bible, te prédisait que tu reverrais ton épouse et que tu ne serais pas stérile, vaguement, profondément, en vrai prophète, qui te prédisait une union féconde, en trois mots humbles, sembla te vendre un talisman, sembla te venir de Dieu. Tu fus prêt à te prosterner devant lui et si tu lui marchandas son jouet, c'est parce qu'il y avait du monde, qui tu n'avais pas d'argent et que toujours tu aimas tenter Dieu. C'est encore pour renier le divin que le camelot t'avait vendu sur le boulevard avec une poupée de pacotille, que tu la glissas, ta poupée, dans le lit, pour effrayer, pour amuser l'attendue,—mais celle que tu attendais ne vint pas parce qu'elle était en terreur et parce que tu n'avais pas été poli envers l'oracle fourré! Tu t'es lavé, depuis, de ton péché par des larmes et tu as su, décidément, qu'il fallait respecter les enfants jusque dans le frisson de l'espoir et jusque dans le crépitement du leurre. Imagine-toi donc que la récente absence de ton amoureuse, ce fut une retraite au bord de l'événement. Embrasse-la sur le front, suivant un cérémonial nouveau puis...

—Petit enfant, je t'ai entendu avec patience. Je t'ai laissé disserter sur des choses que tu feras bien d'ignorer quinze ans encore. Ne continue pas. Je n'ai pas horreur des symboles et je consens aux ratiocinations mais je ne consens ni à l'indécence ni à la réglementation du mystère. D'ailleurs tu descends: tu es arrivé. J'ai encore du chemin: sans adieu.

Je vais voyager dans le vide et dans le silence, comme il convient. Je ne veux pas penser car j'aurais trop à penser, pensées humaines, pensées légales, pensées mystiques: merci.

Et je suis arrivé: je vais attendre—sans plus.—Eh! si! j'attends plus: je ne sais pas.

Et pour m'interdire la torpeur, voici des enfants qui jouent contre mes volets. Enfants que je ne vis jamais et que je ne veux pas voir. Enfants qui ont troué de leurs cris le plan de notre délice, enfants qui s'amusent, qui font des farces, qui frappent le volet, qui étendent leur murmure dans la rue comme du linge frais.

Mais vous ne me troublez pas et vous ne m'êtes pas odieux aujourd'hui, enfants. Vous êtes postés comme des sentinelles le long de mon paysage, le long de mon horizon, et, de votre innocence effrontée, de votre innocence polissonne et grossière, vous gardez chez moi Dieu, le miracle et l'infini. Et vos chants se fondent dans la rue, vos refrains empruntés à vos mères et aux amants de vos mères deviennent une seule chanson d'immortalité et une hymne.

Vous êtes un chœur antique, un chœur unique, un chœur hermétique et prédestiné, le chœur des limbes, le chœur de fécondité.

Vous devancez la venue de Claire et vous entourez, comme en des légendes et des épopées son approche, des joyeuses trompettes de vos âmes, des lyres secrètes de votre candeur.

Chers enfants inconnus, comme je vous aime et comme vous m'êtes précieux, à travers mon volet: car je n'attends pas, car, retiré derrière votre chant, grave, ému, je me prépare peu à peu, liturgiquement, magnifiquement.

Vous nuancez votre musique: ce n'est plus un prélude, un appel, un encouragement, ce n'est plus le chuchotement complice qui dénonce, qui trahit, la sonnerie hypocrite qui confirme, c'est une fanfare qui éclate, qui accompagne, une fanfare d'escorte, une fanfare triomphale, une fanfare vivante et féconde—déjà—d'où tu jaillis, chérie, d'où tu te précipites parmi mes baisers, et une fanfare qui s'infléchit, qui s'adoucit, qui semble s'apaiser pour devenir plus triomphale et pour enlacer notre étreinte, comme des roses soudaines d'harmonie...

X

L'ÉMOI

Lorsque tu entres maintenant, tu te laisses embrasser de biais, tu t'offres de profil perdu tu te refuses sans ardeur et tu es molle même en tes révoltes; tes pudeurs sont en retrait comme ta tendresse et j'ai l'horrible sensation que quelque chose de toi me manque et m'échappe, sans savoir quoi—et c'est presque tout toi.

Tu m'apparais frivole, dodelinant de la tête, becquetant des caresses, grappillant des baisers, zézayant des onomatopées d'amour, passive plus que passionnée, frivole enfin et je reviens à ce mot comme à un hoquet, j'y reviens et je m'accroupis sur lui: tu tournes la tête et tu as en toi un je ne sais quoi de mauvaise tranquillité, pivotant sur un sourire et sur un refrain, tu ressembles à un oiseau.

Et tu n'as plus peur.

Tu t'es accoutumée à notre amour, tu l'as accepté, tu ne te jettes plus à lui, tu le continues fidèlement, régulièrement, presque ponctuellement.

Et j'ai peur que pour toi ce soit une habitude.

Ce n'est plus le romantisme, la poésie, le danger de chaque jour: ce n'est plus l'heure—ou les deux heures—où tu t'évades de la vie, où tu brises ton ban d'humanité, où tu conquiers le ciel et le délice de la liberté, de l'audace, de l'oubli et de l'abandon, c'est une heure où tu ne t'ennuies pas trop, une heure cataloguée, sans fantaisie, une heure de plaisir à laquelle tu t'es condamnée.

Les télégrammes ont été plus nombreux qui, pour une raison ou pour une autre, m'invitèrent à désespérer de toi, ce jour-là—et il y a des jours où j'ai désespéré sans télégramme.

Dans ma petite chambre solitaire, mon lit m'endormit sans confidence et j'ai eu—et j'ai—des tristesses sans grandeur.

Ne te souviens-tu plus des soirs d'été épais et larges où nous nous apprîmes à aimer, où nous naquîmes à l'amour?

Ce ne fut pas sans solennité.

Nous nous promîmes de n'être pas des amants vulgaires, d'envelopper notre nudité en un manteau de tragique et de fatalité, et d'avoir derrière notre lit cette porte de secours qu'on appelle la mort et ce boulevard qu'on nomme l'éternité.

Nous avons élu frères et sœurs les amants et amantes de l'histoire, de la légende, et nous nous sommes couronnés des couronnes de roses, de larmes et de sang que portèrent les cœurs sans nom et les cheveux sans nom et les sourires et les yeux sans nom qui illuminent le monde et le ciel.

Et voici que nous sommes, sans plus, amant et maîtresse.

Ah! tu es une maîtresse exquise: prête et preste, lente, parfaite. Et tu as un corps admirable, un cœur charmant: il te manque seulement une âme,—et tu as une âme, la plus nuancée, la plus délicate, la plus éloquente et la plus profonde, tu es une âme, tu es l'Ame même et te voilà, corps savant, corps souple, corps, corps!...

Parle!

On ne parle pas! car tu parles trop bien. Tu es spirituelle et tes mots restent: on les retrouve dans des salons—où tu n'es pas, on les prête à des riches, que sais-je?

Et les jours où je ne t'ai pas vue, je bute contre un mot de toi qui résonne longuement non en mon esprit—ce mot d'esprit—mais en mon cœur, en mon cœur où il sonne un glas, où il sonne le creux, en mon cœur qu'il troue et qui saigne, qui saigne...

Et c'est ta prévenance, ta gentillesse qui m'accablent. Tu ne te moques pas de moi, tu n'es pas méchante, tu as des câlineries mais tu n'y es pas.

Je deviens jaloux!

Vraiment.

Accessoire des amours nerveuses, accessoire des amours sans équilibre, accessoire du cotillon de folie, la jalousie m'enserre, me tient, ricane et revient. Et cependant, chérie, tu m'as conté les désirs qui glissèrent et que tu ne repoussas même pas, qui glissèrent sans t'atteindre et qui s'en furent, mélancoliques.

Mais je doute presque de moi, à ne plus te retrouver en toi, à te ressentir moins, à sentir que tu vibres moins et que tes ailes sont meurtries, à sentir que tu es si en chair, tellement chair et que le fantôme de ta beauté, je ne sais pas où il est.

Et tu n'as jamais été plus belle, belle cruellement, comme on tue et tu ne m'as jamais tant pris, ne prenant de moi que ce que tu me donnes, le corps.

J'ai mis notre amour au-dessus de tout, mais je mets au-dessus de notre amour la qualité de notre amour.

Tu m'as aimé, superbement en ta tendresse. Je me rappelle une lettre que je reçus de toi: tu étais jalouse d'une petite fille qui était tombée dans ma vie comme une pierre aux pieds d'un homme qui pense à autre chose, sans qu'on y fasse attention.

Quelle belle lettre! Elle commençait par «Toi, tu...» C'était un signe de possession, une estampille, une marque au fer rouge, c'était un baiser impérieux qui arrête, qui immobilise pour toujours, une morsure de tyrannie et c'était l'étreinte furieuse, avare, en trois mots.

Tu ne m'écrirais plus cette lettre-là.

C'est moi qui suis jaloux maintenant, et je le suis mal, ne me décidant pas à souffrir en mon orgueil, m'en tenant au trouble, au trouble qui ne dit rien, à l'émoi dont la gorge est rauque et qui est vague et étroit. Je ne puis t'interroger, tu ris en dehors et tu n'es pas troublée, toi; tu te jettes à moi de toute ton inconscience et tu ne te jettes pas plus, en femme qui peut se reprendre et qui se reprendra: spasmes momentanés et intérimaires.

Lorsque je pense à l'adultère, je l'appelle par son nom et son nom, c'est l'hors la loi, l'hors le monde, l'envol, parmi les codes, vers l'au-delà. C'est l'essai du retour vers ton âme de jeune fille, d'enfant qui croit à l'amour, d'enfant qui oublie la réalité de l'étreinte pour ne prendre en cette étreinte que sa quintessence, son reflet de pureté, de douceur, son mirage de passion, de trouble et d'infini.

Eh bien! tu es trop enfant, tu prends toute la caresse, goulûment, même pas, tu la prends comme ça, comme je te la donne—et tu la prends vide et lourde,—et tu t'en vas.

Il m'est arrivé aujourd'hui la plus étrange, la plus terrible sensation de ma vie.

Du fond de ma torpeur, ma torpeur d'attente où je me roule ainsi qu'en un manteau de bivouac, ainsi qu'en un manteau d'alerte, des sons d'orgue et une voix humaine m'ont tiré, brusquement.

Voix humaine! j'exagère! A travers les volets qui m'enferment, qui m'aveuglent l'horizon, qui déforment les voix et qui font grincer les voitures contre leur ténèbre, une voix se glissa, une voix gratta contre les volets, monta jusqu'aux fentes d'en haut pour retomber de l'autre côté, chez moi, une voix bondit, jaillit, griffa, tel un chat-tigre et se fit profonde, rauque, légère, une voix grimaça, menaça et railla le long de l'orgue, et cet orgue était l'orgue des vieux assassinats, des assassinats de légende et de complainte.

Elle chanta une chanson célèbre, que je n'avais jamais entendue, parce que les mendiants n'en veulent plus, même en province, une chanson que je n'entendrai jamais plus, parce que je ne veux plus l'entendre.

L'air, je l'avais subi déjà, de temps en temps par blague, et le refrain, tout à coup se leva avec des ailes noires de chauve-souris, tourbillonna, n'alla pas haut et s'abattit sur moi en plein cœur:

Éloignez-vous, Ernest, Ernest, éloignez-vous...

Je ne m'appelle pas Ernest. Ce n'est que mon deuxième prénom, celui dont on ne se sert jamais et qui dort, roide, grave, gauche comme une main gauche très gauche, comme un membre paralysé. Et ce doit être ce prénom-là par lequel l'Ange d'extermination nous appelle, le jour du Jugement.

C'est ce nom qui dort et dont les improbables réveils sont terribles: ils réveillent—en sursaut—l'être que nous aurions pu être et que nous n'avons pas été, car, en choisissant entre nos prénoms, nos parents—ou nos bonnes—choisissent entre nos destinées. Je m'appelle Pierre, et ce nom d'Ernest m'émeut, m'émeut...

Et la chanson est terrible, en soi:

En ce moment, mon mari vient d'apprendre
Qu'il est trompé par vous qu'il aime tant...

Ah! je ne garantis pas les paroles, je sais seulement qu'elles éclatent en mon cœur, comme des balles explosives et qu'elles font tache d'huile et tourbillon de plomb.

Tortoze! Tortoze! je ne pensais plus à lui: il est loin, pour ses inventions, promenant son inquiétude électrique entre Vichy et Aix-les-Bains, jetant de la science entre et en des tables de casino, multipliant son absence et son éloignement, perdu en son activité, en son industrie, en son génie: il sera avant peu officier de la Légion d'honneur.

Et je ne m'arrête pas à Tortoze: tous les dangers qui sont autour de lui, qui font son siège. Ces lettres anonymes qui reparaissent de-ci, de-là, et qui ne font rien que procurer—oui, procurer—à Claire un repos désiré, qui lui font peur comme on chatouille, si seule—ah! et la peur que j'ai, moi, de n'être plus aimé, d'être moins aimé, de n'être pas aimé comme je l'étais, de n'être pas aimé comme je le veux, d'être aimé comme tout le monde, et la chanson s'obstine:

Deux mois après dans la chapelle...

Je ne le vois pas le chanteur, mais je l'imagine. Je l'ai vu, déjà...

Un matin, vers trois heures, je rentrais chez moi, de loin, longuement, parmi les habituelles sentinelles perdues de l'armée des filles: c'était le décor coutumier de médiocre misère, becs électriques éteints, vagabonds sans haine et agents sans férocité.

Tout à coup, une ombre, entre la porte Saint-Denis et la porte Saint-Martin, m'arracha à ma torpeur méditative et ruminante.

Ombre cahotante, trébuchante, vacillante, ombre qui, rythmiquement, se penchait, balayait la terre d'un grand bras frénétique, tandis que l'autre bras semblait enfoncer dans le sol comme une moitié de croix, un bâton volé à un bûcher d'hérétique.

Ombre presque diaphane, ombre géante et qui apparaissait plus géante de son affaiblissement, de sa sénilité, de sa courbe lasse.

Ah! ces épaules ployant éternellement sous le faix de la croix qu'un autre porta!

Cette face,—que j'aperçus bientôt, car il n'était pas difficile de marcher plus vite que ce fantôme,—cette face de malheur, de mort et de vie inexpugnable, je ne l'oublierai jamais.

La barbe roussie au feu des autodafés, grise de la poussière des siècles, blanche de la pierre des tombeaux entre-bâillés et des pierres lancées en route, la barbe grise, rousse et blanche, pauvre aussi de la misère liturgique, la peau jaunie des reflets des cierges dont on encadra les autodafés, verdie du reflet des haines, les sourcils noirs—toujours—des fagots calcinés des autodafés, les yeux brillants, noirs, profonds, comme l'autodafé même, reculant devant l'énumération des supplices infernaux, après les supplices terrestres, enfoncés, guettant un espoir dans la nuit, semblant s'enfoncer davantage pour voir de plus loin, pour mieux voir l'étroit paradis des juifs fidèles, la bouche tordue des blasphèmes imposés, tordue par l'entonnoir de la question de l'eau, les bras noués par les tortures, les articulations disjointes par les coins, les pieds brisés par les brodequins de bois et de plomb, l'homme allait—traditionnel—à en frémir, la besace collée à la peau, la lévite frémissante; il allait, effroyable, sordide, hideux, éclatant de grandeur et de majesté.

Un roi! c'était un roi.

Dix minutes, sur le boulevard, j'allai, je vins, je m'en retournai et je revins. Cet homme mourait de faim, évidemment. Il ne se soutenait pas, la tête pendante, la main convulsée, d'un geste d'agonie, et fouillant, fouillant sans fin ce vide de Paris où on ne trouve pas de pain. J'avais une vingtaine de sous dans la main,—une fortune pour un pauvre (et on peut me croire, car j'ai été très pauvre, et ces vingt sous ont été pour moi le bout de mes rêves et le bout du monde), et je m'avançai une fois, deux fois, pour les donner, pour les jeter comme en un gouffre et m'enfuir tout de suite pour esquiver des malédictions peut-être ou—ce qui est pis—des remerciements lyriques comme le Cantique des Cantiques et plus désolés que l'Ecclésiaste.

Je n'osai pas: un charme me retint. Est-ce qu'on offre des sous à une entité, à un démon, à un demi-dieu?

Et il était trop beau. Je crus le voir sourire, d'un sourire d'extase et de puissance. Il ramassait tout à terre, le néant, les épluchures, les épingles,— pour quel Laffitte d'au-delà?—les papiers,—les bouts de cigare... et... et il ne les mettait pas dans sa besace, vide, collant à la peau: il laissait tout retomber autour de lui, sous lui, et il allait, il allait.

Une femme s'approcha de lui. Enfin j'allais pouvoir lui offrir mon obole, puisque cette femme commençait! Non. Elle ne lui donna rien, échangea quelques paroles avec lui, d'un air d'habitude et de soumission et s'en fut.

Pour parler—et la femme était toute petite, il eût dû se pencher—il avait relevé la tête.

Et sa tête verdie, jaunie, rougie, pâlie et bleuie de teintes diverses et successives des bûchers, sa tête de cauchemar était vraiment majestueuse et presque impérieuse comme celle des êtres qui commandent par la grâce d'un Dieu. Il avait jeté un ordre et il continuait sa route de misère et de foi.

Il semblait maintenant emplir tout le boulevard, emplir toute la ville de sa maigreur, de sa vieillesse, de son agonie en haillons, de sa boiteuse éternité.

J'eus peur, décidément.

Et je pressai le pas, chantant à tue-tête pour m'étourdir, pour oublier, pour ne plus penser à ce roi mystérieux, à ce roi sans manteau, à ce passant pesant et furtif, à cet être d'horreur, de puissance et de nuit.

Je l'ai rencontré de jour, cette semaine. Des conscrits, des enfants et quelques citoyens, une trentaine de manifestants criaient: «Mort aux juifs!» Le vieil homme à la face si terriblement juive, le Juif Errant, les épaules encore saignantes sous la croix de Jésus qu'il ne porta point, le roi de ténèbres passait par là si lentement et marchait en sens inverse, sur les jeunes gens. Il ne se détourna point et continua sa route du même geste, du même pas.

Les manifestants ne l'accablèrent pas, ne le bousculèrent pas, ne voulurent même pas l'injurier ou plaisanter. Le charme les tenait qui m'avait tenu. Ils lui laissèrent le passage, se turent un instant, et quelques-uns eurent même comme une indication de salut.

Le vieil homme continuait sa promenade. Il ramassait, ramassait toujours. Il lui arrivait de trouver des journaux, des pamphlets, des anathèmes montés en feuillets; il ne les regardait pas et, sans colère, sans rage, du même geste indifférent, il les laissait retomber à terre.

Il me sembla alors que ce que ce Juif cherchait, c'était—oh! pas grand'chose!—une étoile oubliée, un peu de ciel, un peu d'idéal. Il me semble qu'il était roi, roi des pauvres Juifs, des Juifs pauvres qui, lazzaroni du temps de Josué, s'abandonnant à l'ivresse de Dieu ne pensent même plus à Dieu et à leur foi, s'enroulent en guise de manteaux et de couvertures, dans le rythme de leurs prières, ignorent l'argent et M. de Rothschild, et plongent (au lieu de les plonger dans l'eau), leurs nez courbés, leurs barbes frisées et boueuses dans un peu du ciel talmudique. Gens anachroniques et nostalgiques, nostalgiques des siècles passés, des siècles perdus, nostalgiques des harpes et des danses devant l'Arche, des guerres où l'on ne pillait que pour attester sa victoire, des belles récoltes et des beaux soleils. Et Dieu, trop fidèle à sa parole, Dieu, parce qu'il avait dit à Abraham: «Tes descendants seront nombreux comme les étoiles du ciel, les poissons des mers et les sables des déserts», Dieu ne leur a pas permis d'être massacrés par un Antiochus, avec les Macchabées, par le vertueux Titus Cæsar; il les fait survivre à Akiba, au Juif de la rue des Billettes et à cet héroïque et immense Spinoza, et à ce souriant, génial et fatal Henri Heine. Ces gens-là doivent exister—si peu—et se lamenter, puisque leur roi se promène et qu'il donne des ordres, puisqu'il souffre et puisqu'il rêve. Il n'est pas un roi guerrier: ses sujets, avant Tolstoï, ont prêché, par l'exemple, la non-résistance au mal; ils ont été tués, brûlés, battus sans qu'on ait pu les chasser de leur nostalgie, de leur tristesse et de leur rêve. Pèlerins sans coquille, ils cherchent le coin de terre où ils pourront s'acagnarder pour y rebâtir en leur cœur—longue et pénible besogne—le premier et le deuxième temple de Jérusalem, ils cherchent un peu de soleil pour s'y laver approximativement, ils cherchent un peu de sommeil—pour y mieux rêver.

A moins que le vieil homme que j'ai rencontré ne soit un roi dont le royaume n'est pas de ce monde, un roi sans royaume, le Juif-Errant qui ne connaît pas M. de Rothschild, qui ne connaît pas l'argent et qui marche dans les haines comme chez lui et qui garde pour lui ses sentiments et son histoire et ne se laisse même plus interviewer pour images d'Épinal.

Et il vient susciter et faire mourir les pauvres amants qui ont fait de la terre le ciel et l'infini. Et il vient les attirer en son royaume.

J'aurais dû, la première fois que je le rencontrai, vaincre mon respect et donner à ce pauvre un peu d'argent: d'abord les pauvres ont toujours besoin d'argent et puis je me serais débarrassé de son ombre, de l'ombre de son manteau royal. Je ne l'aurais plus rencontré et je ne l'eusse pas aperçu comme je l'aperçois en ce moment, à travers mes volets, se gravant, se sculptant en sa musique, se déchirant brutalement des vieilles paroles pas assez vieilles, faisant vibrer et tinter les siècles en cet air de 1840.

Que me veut-il?

Il m'en veut.

Il m'en veut de n'avoir pas été charitable et il m'en veut d'aimer.

Il vient avec les siècles, les grandes ombres des vertus, des malheurs et de la souffrance, me reprocher d'être là et d'attendre une femme cependant qu'il y a des événements dans la rue, des discussions sur une innocence, sur un crime, des idées qui luttent, de l'enthousiasme qui lutte et des malheurs, tant de malheurs.

Je pourrais... je ne puis rien. Claire m'a fait jurer de ne pas m'occuper de ça. Et je suis sans grandeur, en une habitude qui de plus en plus devient une habitude, sans plus, où les baisers de jour en jour me deviennent plus secs, plus pauvres, où il me semble que ma fiancée, en se rhabillant chaque jour, oublie chaque jour un voile de plus, un tissu subtil de divinité...

...En répétant d'une voix expirante,

Éloignez-vous, Ernest, Ernest, éloignez-vous...

Eh bien, lorsque Claire est venue, lorsque je lui ai, en quinze mots, raconté la chanson, mon angoisse, mon agonie, elle a trouvé ça très drôle.

C'est de l'héroïsme, au centre de cette trame de lettres anonymes qui se rejoignent, en se suivant, mais c'est un héroïsme que je n'aime pas.

Les mendiants sont sacrés, qui passent et on ne doit pas sourire de leurs prédictions ou de leurs malédictions parce que Dieu, ne leur accordant pas de pain, leur accorde des miracles quand ils en demandent, confusément, et tu restes bien fidèle à ton opinion, Claire, tu restes bien aujourd'hui celle qui trouve drôle la fatalité rôdant devant notre porte; tu as une fièvre modeste et des câlineries de petite fille de Péronne, tu ressembles à ton amie Alice; j'ai envie de te dire: *vous*.

Tu ne sais pas, pendant ton absence récente, mes promenades autour de ta demeure vide et mes lucides évocations de ton fantôme aux bras ouverts parmi ces rues froides et grises qui viennent mourir aux Champs-Élysées.

Tu ne sais pas mes contractions de cœur en ces rues traîtresses où je n'avais de toi que le danger et où je tremblais comme si je t'avais à mon bras, voluptueusement. Rues pavées, bâties, cimentées de médisance, d'espionnage et de médiocrité sentimentale, rues de basse sensualité où les mauvais propos et les mauvais instincts se ramassent pour aller assassiner de pauvres gens à l'hôpital Beaujon, tout près.

Ah! sentinelle exilée, comme j'ai monté une garde fervente et vaine sous tes fenêtres fermées de la rue Washington, pour les photographies et les portraits de toi qui veillaient chez toi, pour les sommeils que tu avais oubliés chez toi, pour tous les objets, pour tous les vides que tu avais touchés là-haut et pour tous les moments d'extase amoureuse, de gêne amoureuse, de mélancolie amoureuse, de terreur amoureuse, de désespoir et d'espoir que tu m'avais dédiés, chez toi, et pour tes rêves de fuite, avec moi, qui t'ont hantée, en ton domicile légal, en cet intérieur tout fait et parfait que nous ne pourrions jamais refaire, car notre fuite et notre histoire, ensemble, chérie, ce sera «une chaumière et ton cœur».

Ce sera!

Ton cœur!

Ah! comme je m'emporte et comme je t'oublie et comme j'oublie la déchéance de ton cœur, la pauvre petite chose qu'il est devenu et que tu es devenue, entre mes bras, hélas!

Et couchons-nous, puisque nous n'avons pas autre chose à faire.

Non?

Tu me retiens doucement, en une douceur profonde qui m'étonne et d'une voix chère, de ta voix des soirs d'été, de ta voix de Monte-Carlo, de ta voix de nos premières amours, de ta voix de nos fiançailles qui te revient, plus pure, plus moirée, plus dorée, plus prenante, s'il est possible, tu me dis: «Prenons garde, chéri! je crois que je suis enceinte».

Chérie, chérie, j'ai un petit cri de bonheur, un petit cri d'émotion, étranglé.

Et tout mon bonheur, toute mon émotion viennent en ce cri: mon amour reconquis, ma confiance en toi récupérée, ma tendresse doublée, la fatalité, les mondes, tout, tout y est.

Et comme je te désirais nerveusement, rageusement!

Mon désir se précipite en larmes, en larmes abondantes et douces.

Et je me mets à genoux pour te demander pardon. Je ne t'ai jamais offensée, je ne t'ai jamais, même d'un mot, fait sentir que je souffrais de toi et tous mes doutes, ma jalousie, ma tristesse ancienne, la chanson de tout à l'heure, mon angoisse montent, craquent, m'étouffent un peu—pour s'en aller et je les vomis en des sanglots, longuement. Et quelle jouissance, en mes larmes, orgueil qui pleure, joie qui pleure: c'est le fleuve même du bonheur!

Ah! comme je comprends maintenant tes regards ailleurs et tes distractions.

Prise toute par tes entrailles, tu ne m'appartenais plus autant, ne t'appartenant plus à toi. Tu es presque effrayée de mon émotion: tu me dis que tu crois, seulement, que tu n'oses croire.

Je suis sûr, moi!

Sûr!

Des indices médicaux, en cette chose de sentiment, de miracle, de ciel!

Tu regardais en toi, chérie, et le miracle commençant et hésitant te saisissait, te pétrissait, pétrissait de la tendresse de ton cœur, de tes regards, de tes sourires, de ton infini, de tes caresses, ce sourire, cette caresse, ce regard que tu appelleras plus tard ton enfant. Tu n'avais plus de regard pour moi, de caresses pour moi: merci.

J'ai posé mon visage en larmes et mes lèvres mouillées de larmes sur le haut de ta jupe: Je voudrais, à travers ton vêtement, retrouver de mes lèvres les regards, les mots d'amour, les sourires et l'infini que tu ne m'as pas donnés, je voudrais faire passer, de mes lèvres, de mon âme, de mes yeux et de mes entrailles, au miracle hésitant, mes sourires à moi et mes mots d'amour et mon infini et mes larmes aussi qui cimentent.

Chérie, tu me parlais de choses et d'autres, d'amis, d'amies, de dîners, tu me disais ce que faisait ton mari en son voyage, ses succès ici et là, tu me parlais de tout, excepté de toi: babil qui m'est cher maintenant, babil dont tu masquais, sans savoir, le vide saint, le vide fécond de ton être en travail, en possession!

Les chers enfants du mois dernier, d'il y a un mois, qui m'escortèrent, qui me précédèrent de leurs prophéties!

Et tous les sourires d'enfants qui me sourirent dans ma vie me reviennent et je revois, à en pleurer plus fort, un enfant de pauvre, tout petit, qui me retint de son sourire fixe et de ses yeux aimants en un omnibus de jadis, depuis la gare Montparnasse jusqu'au fond de Ménilmontant.

Vingt fois je me préparais à en sortir, vingt fois, d'un dernier regard, d'une petite bouche qui s'ouvrait pour moi, il me clouait à ma place—et je faisais une course pressée. Et la mère ne me remerciait que de ses yeux et de son sourire aussi, humble, reconnaissante et frémissante à la pensée que j'allais lui offrir une aumône. C'est toi, femme inconnue, qui me fit ce jour-là l'aumône de ton affection fugitive et c'est peut-être de ce regard fixe d'enfant que tu te crées, petit enfant, en ce corps que j'étreins, de mes bras qui s'élargissent comme s'ils étreignaient le monde, qui ne veulent pas serrer trop pour ne pas te faire mal à toi,—qui n'es pas—et qui seras, petit enfant.

Et une molle félicité m'étreint, moi aussi, pas trop étroitement, une félicité humaine et mystique, la caresse des siècles, la caresse de l'heure et toutes les voluptés d'âme que mon inquiétude m'a refusées ces jours-ci.

Ta présence, chérie, ta présence habillée, c'est une saveur sexuelle et une saveur d'étoile, c'est la volupté et c'est la félicité, c'est chaste et fécond, c'est violent et c'est doux comme un sommeil d'aïeule.

J'ai le cœur débordant de respect et d'amour. Tout m'est rendu, de mes orgueils, de ma tendresse—et j'ai plus. Ce mystère qui va grandir, ce chuchotement d'émoi, cette crispation de cœur sur un souffle qui insensiblement s'affermit et s'affirme, cette écoute de vie, ce frisson, cette angoisse qui dure des mois, il me semble que j'ai tout cela, que je jouis de tout cela en cet instant, que l'effroi latent de la gestation et la torpeur douloureuse et la gloire saignante de la création, j'ai tout cela, à la fois, et c'est une caresse de bras, une caresse de lèvres, une caresse d'entrailles et d'âme.

Ne t'en va pas encore, chérie: nous ne retrouverons jamais cette heure de trouble et de révélation.

Nous ne serons jamais aussi âprement heureux; il me semble qu'on nous a déchirés, qu'on nous a écorchés vifs et qu'on nous a habillés de notre chair de bonheur, de notre amour intime, dans ce soir si discret et si gonflé d'avenir, sous cette lampe pâle qui s'épure et qui s'enfièvre, devant ce lit qui ne s'est pas ouvert. En ce soir vierge, nous veillons au bord du futur, les yeux dans les yeux et plongeant plus avant, les mains emplies de nos mains. L'émotion qui nous étreint et qui nous baigne, émotion secrète et haute, est toute de noblesse et de grandeur, et nous nous aimons tant, en elle!

Ne t'en va pas, chérie: nous ne pourrons jamais épuiser notre émotion: dormons en elle et faisons glisser en elle la longue nuit.

Ton mari (puisqu'il faut toujours songer à lui), ton mari est en voyage.

Mais tu dois partir cependant, pour tes voisins, pour la rue, pour le monde, pour tout ce qui n'est pas notre secret.

Ah! je ne te dirai pas: Au revoir et je ne veux pas te voir partir: j'aurais peur de ne plus te revoir.

Et je songe à ton mari maintenant; il va revenir un jour et sera très satisfait de ta grossesse. Ce petit Basque nerveux attend un enfant depuis cinq ans, qui tiendra de lui le génie mécanique et électrique. Il trouvera piquant de s'être éloigné sur une ou plusieurs nuits de victoire—et tout sera pour le mieux dans le meilleur des mondes.

Et comme tout cela est vil et bas! Cet enfant que j'aperçois déjà, que je sens, qui me crie ma paternité, de toute mon angoisse, de tout mon émoi, de la gravité subite qui me tombe, de ma joie âpre et de ma douceur, cet enfant qui, des mois et des mois, va me tenir haletant sur sa lente et délicate affirmation, sur ses dangers et sur son lointain, cet enfant sera à Tortoze, sera de Tortoze, par contrat.

Des idées bohêmes, des idées sauvages, des idées d'Orient me harcèlent: fuir.

Emporter ailleurs ce ventre qui est à moi.

Chérie, chérie, roulons-nous en notre pauvreté, en notre détresse et, sérieux en notre amour, allons en jeunes et féconds pèlerins vers des déserts où nous ne craindrons ni les lois ni les rires, où nous aurons le droit de n'être pas infâmes et de vivre, sans peut-être manger toujours, notre vie, en sincérité.

Déployons notre amour au-dessus de nous et autour de nous comme un drapeau et comme une tente et allons dormir ensemble devant l'immensité de l'avenir.

Dormir! Ah! c'est le rêve, échanger nos rêves, à leur venue et nous vivifier l'un l'autre de notre souffle. Quels mois sublimes!

Il faut y renoncer—tout de suite.

Il faut faire tenir notre romantisme en cette chambre étroite d'une rue étroite, il nous faut être sublimes en cachette,—comme on fait de fausse monnaie.

Et nous ne pouvons être féconds qu'hypocritement, lâchement, sans risque, criminellement.

C'est ce qu'on appelle en terme de juridique, le dol, et c'est le délit sans rémission, sans excuse.

Dol moral—et c'est l'infini.

Et ces journées d'émoi qui nous sont plus chères, plus saintes et plus intimes, par notre solitude (Tortoze s'obstinant en son absence), ces journées d'une sensualité amère, où nous ne nous possédons pas et où nous espérons, sans plus, où nous précisons et contraignons l'espoir de nos simples baisers, ces journées sont hérissées de craintes, de terreurs et de désespoirs.

Je ne t'ai jamais plus sombrement attendue, redoutant tout pour toi: les voitures me paraissent vagir.

Et quand tu viens—les jours où tu viens, accablée, meurtrie, souffrant presque à vide, tu entres en moi les cahots de la voiture, toutes les secousses, toutes les angoisses en me les contant.

Tu es triste maintenant, l'idée du mensonge, du long mensonge, du secret qui bondira, qui se cabrera, qui remuera en toi avec l'enfant, le remords même qui grandira dans de la chair, tout te tourmente et tes baisers ont un goût de douleur.

Comme je t'aime, chérie. Je ne t'ai jamais autant désirée, car mes pensées et mes tortures, mes espoirs mêmes tombent sur mes sens—et je m'abstiens—bravement.

Les lettres anonymes reviennent: elles font un berceau cruel à notre espoir. Et elles doivent aller inquiéter Tortoze, là-bas, qui ne revient pas.

Elles sont sûrement de notre Tristan et de notre Yseult, rédigées en argot, insolentes et sales.

Tu t'ouates cependant, chérie, d'une gaîne d'émoi et je m'enferme en notre émoi, mais nous sommes si séparés, si peu l'un à l'autre et je m'apeure de loin!

Il y a des moments où, en t'attendant si impatiemment, en te recevant si défaite et si éprouvée, en te perdant si vite, je me sens le triste courage de vouloir te perdre, de t'attendre pendant les mois délicats, pendant les mois qui courent. J'ai tant d'appréhension et je me berce de mille craintes. J'ai peur maintenant de Tristan, d'Yseult, d'Alice, d'Ahasvérus, d'Hélène, de tout ce qui nous approcha, de tout ce que je connus et de tous ceux que je ne connais pas.

Mais quelle douceur de te tenir en mes bras un instant, de t'entendre dire, même, que tu as mal, de tenir contre mon front la fièvre de tes lèvres et, contre mes lèvres la fièvre de ton front, de tâcher à te faire sourire, de te faire parler, de te parler, de cueillir sur toi ton émotion et, parmi ton émotion et ta fièvre, un peu de la fraîcheur des rues!

Je n'aurai pas le triste courage de te perdre même un jour. Les jours où tu ne viens pas, où le malaise te couche solitaire sur une chaise longue, où tu t'écoutes souffrir en croyant déjà percevoir en ta souffrance le cri prochain, le cri lointain de ton enfant, je crois que tu me les voles et je te les reprocherais, en te voyant, si j'avais l'habitude de te reprocher quelque chose, si mon cœur ne se fendait pas, à ton arrivée, si un essor d'anges, un essor de ciels n'emplissaient pas ma chambre et ne me fermaient les lèvres, en un baiser, en mille baisers impatiemment dessinés.

Et voici que, aujourd'hui, je te retrouve et que tu t'abandonnes, voici que tu sors de tes terreurs, de ton malaise, de ta fécondité même pour t'offrir, si jeune, si souriante, et que notre volupté se coule en de l'émotion, voici que notre volupté s'exaspère, divinement, qu'elle échappe à la terre, qu'elle nous unit en je ne sais quel ciel, qu'elle nous éternise et que nous nous aimons à travers le futur, merveilleusement.

Tu t'es détachée de mes bras à regret, tu t'es vêtue lentement et nos baisers se sont attardés, ne s'achevant pas, brûlants, profonds, las et avides.

Nous nous sommes jurés de nous revoir et, plus furieusement que les autres soirs, en ce soir où la volupté me garde, m'enveloppe et me serre, je t'ai laissé partir toute seule, ne te suivant pas des yeux, le regard fixe, le regard dans la flamme de ma lampe où se consume sans fin la fatalité.

Je me rive à toi, chérie, je me rive à toi, de notre rêve, pour notre volupté, pour notre émotion, pour aujourd'hui, pour demain, pour l'éternité et pour ce qui vient après l'éternité.

J'ai besoin de toi, j'ai soif de toi, j'ai mal de toi.

Je t'aime, je t'aime...

LIVRE DEUXIÈME

LE MÉMORIAL DE SAINTE-HÉLÈNE

I

LA FOUDRE

Je ne la verrai plus.

Un homme ne savait pas s'il aimait une femme. Il savait seulement qu'il avait mis en elle son âme et sa vie. Il ne savait pas où il l'avait rencontrée. Son souvenir se fondait en tous les décors amoureux: c'était Venise, c'était le ciel d'Alger, c'était toute la mer, la mer inquiète et patiente, dolente parmi son épilepsie, qui se meurt éternellement aux pieds des fiancés pour leur apporter de la fraîcheur et de la fièvre. Il imaginait qu'ils s'étaient fiancés devant toutes les mers, en la mélancolique et lumineuse complicité des changeants couchers du soleil; que, tous deux, ils avaient visité les tombes frémissantes des amants et des conquérants, que l'écho de toutes les grottes leur avait, de l'un à l'autre, profondément et tendrement, passé au cœur leurs serments—comme on passe une bague au doigt.

Et ils n'avaient pas échangé de serments. Il songeait tout de même qu'ils étaient liés, étroitement et de haut, que les forêts les avaient caressés de leur chantante nostalgie rouillée, que leur épithalame s'était gravé dans les rochers, sans faire de mal aux rochers, et qu'ils avaient bu la vie à toutes les sources.

Il ne savait pas le nom de cette femme. Chaque matin, au caprice du calendrier, il la saluait, en son cœur, du nom de la sainte du jour et lui souhaitait sa fête, la fête de toutes les autres femmes. Elle existait seule pour lui, l'attirait de la pâleur de ses yeux, du frisson de sa lèvre, de la lenteur de ses cheveux, de la grâce délicate, menue et nuancée qu'elle alanguissait en son sourire. Il n'osait pas approcher d'elle, pour qu'elle ne le vît pas trembler, n'osait plaisanter avec elle, ayant peur de la trouver trop spirituelle et un peu frivole.

Et il allait avec cet amour en lui comme un viatique, viatique douloureux parfois, s'exaltant de sa chaleur et de son amertume, se purifiant de sa pureté et de son lointain.

Or, un jour il reçut une lettre d'elle. Elle était dure à la fois et malheureuse, irritée et pantelante. Femme qui se croit calomniée, elle reprochait des faits sans vraisemblance. Un mot revenait avec complaisance: «Vous vous êtes vanté de... vous vous êtes vanté: votre vanité...» Il n'aimait pas à porter un cilice sur son corps ou un cilice sur son cœur: ce papier lui brûlait les mains, il en avait honte pour lui et pour elle, mais il voulut conserver quelques heures ces mots de colère qu'il avait à peine lus. Tant qu'il aurait le papier, il y penserait moins: ensuite, le papier détruit, les mots, les mots effroyables resteraient, l'entoureraient, germeraient comme du mauvais grain, se développeraient comme un toxique en des entrailles infortunées, le brûleraient, le déchireraient, le tueraient.

Et—ce qu'il n'avait pas fait depuis qu'il était amoureux (il lui sembla que ça durait depuis l'éternité), il pensa aux gens. Ça n'était pas venu tout seul à cette femme. On lui avait dit, on avait inventé des choses.

Inventé? Non, deviné. Il y avait donc des gens qui devinent, qui voient en une bouche le baiser qui n'y est point, qui, des lèvres fermées, plongent dans l'âme et décachètent un secret comme on décachète une lettre interceptée? Il y avait donc des gens qui souillent de leur regard l'image qu'on garde en ses yeux, la discrète et idéale image qu'on veut préserver de tout, par piété, par amour? Il y avait donc des gens qui vous observent quand on se trahit, qui filent un désir comme on file un couple, qui filent une idylle secrète, une idylle intime, qui pincent un rêve comme on *pince* deux être adultères?

Mais c'était un trop grand effort pour lui d'avoir si longtemps,—quelques instants,—porté son attention sur les manœuvres des gens; il jeta sa pensée sur une femme, une femme qui devait encore avoir les sourcils froncés, la main nerveuse d'avoir écrit cette petite lettre,—si petite, si plate, qui tenait si peu de place et qui, en se refermant, avait écrasé sa vie, cette lettre plate qui se gonflait de tous les rires méchants des gens, de tous les malheurs qui allaient lui arriver à lui, gonflée de tous les sursauts de sa destinée, de sa destinée modifiée, de sa destinée arquée et se précipitant.

Il voulut répondre.

Il n'est pas de pire drame que d'écrire sans savoir si ce qu'on écrit sera lu, que de mettre sa vie dans des mots,—en se disant que, peut-être, ces mots seront déchirés haineusement et calcinés *a priori*. Et l'on n'envoie par la poste que des larmes séchées, non les larmes brûlantes et brillantes dont le charme intime et la vertu cachée apaise, émeut, console et unit. Et il n'est rien d'aussi bête qu'un malentendu d'amour, car, en amour, on ne doit pas s'entendre, on doit, muré par la tendresse et l'enthousiasme, sourd d'ivresse, deviner les mots qui sont prononcés à côté, là, tout près, et les étouffer sous des caresses. Mais il ne s'en disait pas tant. Il était si malheureux!

En sa course folle à travers Paris, la main crispée sur la petite lettre, il avait rencontré des amis et des indifférents et leur avait lancé un: «J'ai mal!» comme on lance l'anathème. Ils avaient répondu: «Où donc? Vous n'avez pas mauvaise mine», et avaient poursuivi leur course vers d'autres soucis. Et il se trouvait seul maintenant, seul avec les débris de son rêve,—avec sa *vanité*! Car il y avait la vanité.

Quelle vanité?

Il était, il avait toujours été immense de désirs, frénétique d'ambitions. Il avait gardé son âme d'orgueil dans la pire pauvreté, dans la pire promiscuité. Il s'était gardé de la satisfaction, s'était refusé la joie de la renonciation et de la résignation. Et il croyait que son ombre tenait la terre entière et les cieux aussi.

Non! A en croire cette femme, sa vanité avait été de vouloir faire croire faussement qu'il l'avait possédée, qu'il avait eu la femme d'un ami, comme un voleur, qu'il avait non pas même dérobé la chose d'un autre, mais qu'il en avait joui furtivement, salement, comme un valet. Des larmes lui montèrent aux yeux. Il rougit de son amour. Elle le supposait vil. Quelle pauvre petite âme avait-elle donc?

Il se décida à écrire: «J'ai reçu votre lettre. Je ne vous la pardonnerai jamais. Qu'il suffise de quelques canailles pour briser n'importe quel bonheur, c'est bien. Mais que des gens sans idéal, des gens qui ne savent pas rêver, des gens qui ne savent pas espérer, des gens qui n'ont pas de ciel dans leurs yeux puissent d'un mot, d'un bon mot, froisser et déchirer notre rêve, polluer notre ciel et jeter notre espérance dans la boue, c'est une chose que je ne puis admettre. Je ne vous ai jamais convoitée. J'ai vu passer un jour sur une route une femme en robe blanche et j'imaginai que cette femme devait m'accompagner en ma route, être ma confidente et mon encouragement, mon courage et ma foi, ma conscience aussi, qu'elle était non mon bonheur, mais ma destinée en robe blanche. Je lui faisais abandon d'un peu de mes malheurs, je lui faisais une place en toutes mes actions et toutes mes souffrances et cette femme n'est qu'une femme, une femme comme les autres...»

Il s'arrêta. Il ne pouvait écrire cela. Il l'avait écrit cependant. Mais non! non! ce n'était pas vrai.

Il se roidit et continua: «Mon âme et mon corps sont devenus un tombeau fleuri, un simple tombeau où reposent le souvenir de votre beauté et l'image de ce que vous fûtes pour moi. Je vous demande comme une grâce de ne pas toucher à cette image, de vos mains, de vos colères, de vos actes de petite femme—et d'ailleurs vous ne le pourriez pas. Cette image est à moi, à moi seul...»

Une larme venait de tomber sur ces paroles de vanité. Il ne résista plus, lâcha la plume.

Sur sa vanité exprimée, sa tête se secouait, en des sanglots, comme une tête de vieille femme qui sanglote. Il pleura et pleura mal, car du soleil vint se jouer entre ses larmes. Et le soleil n'était jamais entré chez lui. Venait-il par ironie? Non! le soleil ne s'était jamais moqué de lui—et le soleil est bon.

Le jeune homme se leva alors et, dans le soleil, la face humide, il défia le monde et espéra fervemment. Ce soleil, ce soleil divin, quel présage en ce moment! Il sentit que son suprême espoir, c'était l'amour de cette femme, amour lointain, amour revenu et reconquis.

Et il se rassit pour pleurer.

Car il espérait. Mais, tout de suite, qu'allait-il arriver? Mettrait-elle longtemps à lui rendre sa foi et son âme? Et comment lui faire savoir qu'elle se trompait, car il n'achèverait pas sa lettre?

Il implora le soleil, le pâle soleil qui chante des romances d'amour! Et il s'attendrit si violemment que, n'ayant pas la force de désespérer, espérant malgré tout, parmi ses espoirs et ses désirs, il se roula à terre, hurlant, râlant, étouffant de sanglots et de plaintes—par vanité...

Eh bien? cet homme, c'est moi,—et c'est ce qu'il y a de plus étrange en cette affaire!

Cet homme que je ne nomme, en ma pensée, qu'à la troisième personne, que j'éloigne de moi de toute ma force pour qu'il ne m'atteigne pas de son malheur, en l'horrible contagion de la fatalité, c'est moi.

Je ne me rappelle plus.

Je ne me rappelle plus avoir aimé, avoir été aimé, je ne connais plus cette chambre où je souffre, où il fait froid, où il ne fait pas assez froid.

J'ai mal.

Il n'est pas tard.

Le soleil et le jour ne s'en vont pas encore.

Le soleil! le jour! Claire—ce nom me brûle les lèvres à ne pas le prononcer, ce mot crie comme un cauchemar, s'ouvre comme un œil hagard et crépite comme une flamme méchante—Claire n'aimait pas les jours qui grandissent.

Notre amour aura été un amour de jours courts, un amour de soirs précoces, un amour de crépuscule et un amour d'hiver. Nous nous serons aimés pendant les heures honteuses que la nuit vole au jour et ce sont des heures que nous avons volées, nous aussi, que nous avons volées à la vie.

Et tout a pour moi un goût de mort, un goût de néant.

J'ai voulu voir l'heure, en ce jour qui s'obstine: ma montre s'était arrêtée et, malgré mes efforts et mes sollicitations, n'a pas continué sa course. Les amours qui y pleurent, le tombeau d'argent qui y chancelle s'y figeront, s'y affirmeront davantage, après plus d'un siècle.

Je ne sais plus: il me semble qu'Elle n'a jamais été à moi, jamais.

Et il n'y a entre ses lèvres et mes lèvres, entre mes lèvres et ses seins que l'épaisseur de quelques heures!

Et il y a, il y a qu'elle est enceinte.

C'est impossible!

Son ventre n'aurait pas crié pour moi! son ventre ne l'aurait pas prise à la gorge! son ventre n'aurait pas violemment étreint son cœur! oh! quelles images incohérentes et comme elles m'apparaissent éloquentes et vivantes!

Elle a écrit.

Elle m'a repris son enfant, d'avance.

Elle me l'a tué, d'avance.

Elle m'a chassé de mon enfant.

Mon enfant! Mon enfant!

J'ai la lèvre pleine et meurtrie encore des baisers de ma maîtresse, j'ai les mains fiévreuses de caresses anciennes, de caresses proches et des caresses aussi qu'elle me vole en ce moment, j'ai le corps las du poids du corps ami, j'ai cette femme dans les yeux, dans les lèvres, dans les mains, dans le cœur, dans le sang, puisqu'il faut, en amour, parler comme les charretiers, et, de ma douleur énorme, de ma douleur massive, de ma douleur brutale et bestiale, s'élève une douleur plus haute, une douleur plus pure, une douleur pure et si âpre, si profonde! la quintessence de ma douleur, et elle va à toi, petit enfant, comme un long et frêle baiser tout au bord de la mort.

Console-moi.

Agite devant moi un hochet comme j'en agiterai un autour de toi, si jamais, si jamais je te vois.

Tu vois que je pleure, petit enfant, tu vois que je pleure, car je pense que jamais je ne te verrai, que jamais je ne reverrai celle que je ne puis appeler ta mère, celle qui reste pour moi, dans le vide, ma fiancée, mon corps, ma jouissance et ma vie.

Un hochet, petit enfant!

Berce-moi, du fond de l'Inconnu, du fond du chaos. Agite devant moi les promesses de la vie, les honneurs, l'ambition, la fortune.

Tire des désirs par les pieds et barbouille-m'en pour que je ne me souvienne pas.

Et souris-moi, comme on sourit avant de sourire et de vivre.

N'est-ce pas, petit enfant, elle n'a pas écrit cette lettre?

C'est un faux.

Je l'ai reçue cependant et elle est bien d'elle, car je l'ai brûlée et il a fallu que je la brûle. On l'a forcée.

Contrainte et forcée.

Contrainte et forcée...

Ça chante pour moi comme un refrain... Contrainte et forcée.

Ah! ils triomphent, nos ennemis! Tristan, Yseult, vous pouvez promener par le monde l'orgueil vierge d'avoir fait du mal. Vous pouvez, du sang de nos deux cœurs et du deuil de nos deux cœurs vous faire un manteau rouge et un manteau noir et vous pouvez même, en nos larmes, vous laver du mal que vous nous avez fait. Il ne vous en restera plus, la honte et la gêne perdues, que la gloire et la volupté.

Et je ne veux pas songer à vous, je n'ai pas la force de m'indigner, je n'ai pas la force de vous juger, et je ne veux pas mêler le mal à ma douleur.

Il me semble que je me lamente en dehors de moi, que je pleure pour les autres, que je pleure pour toute la terre. Le pâle soleil est baigné et luisant de larmes, il sourit comme on sourit à une veuve et toute la journée est molle comme la mélancolie.

Les désespérances ne sont pas roides: l'affaissement, la misère les courbent, ne les brisent pas, les plient un peu; ma tristesse s'abandonne et s'abandonne trop ici.

Et je ne trouve plus rien.

M'en aller, marcher, marteler ma douleur, devenir néant.

Voici que je rencontre mon ami Cahier, celui qui servit de décor à mon trouble d'amour. Je me précipite vers lui, je précipite vers lui l'aveu de ma souffrance... Il ne me connaît plus, ne se retourne pas, presse le pas.

Ah çà! il est donc marié, lui aussi! Et la trame des lettres anonymes s'est épaissie, élargie et rétrécie! C'est le vide autour de moi. Et ce pauvre Cahier, de fantaisie et toute fantaisie, l'Anthelme Cahier du *Phantasme quotidien* a cru, a douté.

Il est marié! Je revois sa pauvre femme blonde comme je l'ai vue, en passant, si frêle, si souriante, exquise de la gentille indifférence empressée qu'elle témoignait aux gens, honnête en souriant comme elle souriait en offrant une tasse de thé. J'ai eu avec elle des causeries fraternelles et des demi-confidences—et me voici criminel de désirs et de tentatives!

Ah! Yseult, ah! Tristan, je dois encore vous admirer. Vous avez été, hautains esthètes, les plus habiles vaudevillistes, vous m'avez déguisé en Don Juan de boulevard et de ruelles, et je suis vulgaire de par vous comme, de par vous, je suis beau, gratuitement.

Vous auriez dû avoir pitié et avoir honte; ç'a été une conquête d'âme, ç'a été mystérieux, ç'a été une conquête et une étreinte d'outre-terre où il y avait tout, sauf de la vulgarité. Vous y avez mis de la vulgarité et du mensonge, en vous y mettant.

Et, maintenant, ce n'est plus rien qu'une pénible impossibilité pour moi de penser, de pleurer, de me souvenir, que des rues sans amour à traverser, à retraverser—et qu'un vide immense, qui se renouvellera, éternel.

Et je ne puis plus trouver pour t'aimer, chérie, pour t'aimer malgré toi et malgré moi, que de petits cris, de petits cris de hyène, de petits cris de petit enfant. J'ai désappris l'humanité, j'ai désappris l'amour, j'ai désappris les larmes: je ne me souviens plus; tu ne m'es plus même une image, une image aux sourcils froncés et qui étouffe la mémoire en sa colère, tu ne m'es plus que de petits cris, de petits cris qui soulagent un instant et qui éloignent.

Car je n'ai pas la force de te repêcher en mon océan d'horreur, de te débarrasser de ton voile de méchanceté, de la cruauté de tes mots. Je suis seul, hideusement.

Le jour baisse dans le boyau des petites rues où je me suis enfui, où je me cache, où je cherche un néant plus absolu, un étau de néant qui abolisse même l'envie de crier. Le soir est tombé comme un linceul noir et je ne puis m'arrêter dans mon désir de lasser mon désespoir, de lasser mon deuil, de le fatiguer sous moi, de le tuer sous moi, et, en mon ivresse de douleur, en mon ivresse de fatigue, sous la nuit éparse qui se dégonfle et qui emplit les rues, je me crois en une enfilade de couloirs obscurs, en un souterrain infini, en un enfer où il n'y a pas même la lueur des flammes, la distraction des démons et des tortures, en une cave étroite où ne filtre qu'un rais de lumière—et ce sont tes yeux lointains, et c'est ta voix lointaine, petit enfant qui es sorti des temps et des temps tellement avant terme pour me consoler de tout, et même de t'avoir fait!

II

«UN BOUFFON MANQUAIT A CETTE FÊTE!...»

Voici comment ça s'est passé.

M. Godefroy Tortoze était à Vichy.

C'était la plus délicieuse époque de cette ville délicieuse. Personne nulle part. La paix altière des montagnes, la fraîcheur tempérée de l'hiver, la poésie des cimes, de l'intimité et, ne l'oublions pas, la poésie thermale, tout était pour éjouir et pour ennoblir l'âme diplômée et brevetée de M. Godefroy Tortoze.

Les expériences de la veille avaient définitivement imposé à la direction du casino ses dernières inventions: tables-feu d'artifice et surtouts-accumulateurs: la direction du casino avait même échafaudé sur cette science féconde et gracieuse des rêves dorés, une multiplication électrique, elle aussi, de sa clientèle toussotante, un rajeunissement du cadre de ses valétudinaires et—voilà bien le rêve—un nouveau mode de réclame et de publicité.

La conscience forte, l'esprit libre, s'accordant trois jours de repos après tant de mois de création, d'efforts géniaux et d'efforts commerciaux, de démiurgie, de métallurgie, d'électricité, de puffisme et de diplomatie, M. Tortoze prenait un solide apéritif, pour se mettre en harmonie avec un dîner solide lorsqu'on lui apporta—respectueusement—son courrier du soir.

Il le dépouilla nonchalamment, et, à une lettre, fronça les sourcils, sans exagération, murmura «Encore!», hésita un instant et la passa à son inévitable compagnon Marbon en lui disant: «Et toi, qu'en penses-tu?»

M. Marbon a pour habitude de déclarer qu'il est l'homme d'affaires de Tortoze. «Il trouve pour moi, explique-t-il, je compte pour lui.»

Mais il a de l'imagination lui-même.

Sa manière de compter, c'est de conter, d'embrouiller des chiffres en des histoires, en des anecdotes, en des plaisanteries, de faire danser en une sarabande d'énormités, les chiffres avec les calembours, les affaires avec des gravelures et de mêler tout, en l'immense cocktail de la vie, pour en faire une boisson amère—mais, qu'on boit comme, jadis, le vin tiré.

Il est connu, presque recherché, comme plaisantin. On ne le subit pas, on l'aime. Et, parce qu'il a du bagout, parce qu'il diffame, on le proclame «bon garçon».

Et c'est aussi parce qu'on n'ose pas lui reconnaître du génie.

Il est vrai que ses farces sont sans importance et sans conséquences.

On se relève parfaitement d'un de ses mots car ce sont des mots pour hommes ivres-morts et tombés sous la table, des mots pour après boire, dont certains sont tirés de recueil d'anas et qui unissent en leur chaîne incohérente, l'impersonnalité à l'à-peu-près: Marbon ne vise pas d'ailleurs à l'Académie.

Il n'est pas considéré comme courtier, n'est pas considéré comme littérateur: il vit en marge,—et il en vit.

C'est l'amateur qui tire de son amateurisme des profits uniques, qui n'est en concurrence avec aucun des professionnels parce qu'il est en concurrence avec tous et qui mange, qui capitalise comme il trompe, comme il vole, comme il blesse, comme il tue—sans faire semblant.

Il s'abrite derrière sa bouffonnerie pour les affaires d'honneur que lui proposent ceux qui ne sont pas au courant, et, pour ceux qui sont au courant, il abrite sa bouffonnerie derrière sa lâcheté étalée, en relief, obscène d'ostentation et patentée. Il est entendu qu'on n'y touche pas, qu'il est sacré et qu'il faut rire.

C'est le fol de la démocratie, de la démocratie dorée—au mercure—des restaurants de nuit. Il faut sourire par snobisme et on ne pardonnerait pas à celui qui ne pardonnerait point.

Si donc M. Tortoze lui avait passé la fâcheuse lettre, c'est qu'il voulait en être plus vite délivré et en rire plus tôt, que Marbon savait mieux dire que lui: «Ça n'a pas d'importance» ou «Elle est bien bonne» et proférer ces «Pftt!» définitifs qui écartent les ennuis et changent les soucis en ferments de gaîté.

Il attendait un éclat de rire immédiat et sagement contagieux, il s'offrait goulûment aux tapes sur l'épaule, aux tapes sur le ventre qui, non sans vigueur, remettent sur la grande route de la sérénité.

Il attendit en vain.

Marbon devint grave, par extraordinaire et se tut—car il faut un commencement à tout.

M. Tortoze entendit—il n'avait lu la lettre qu'une fois—et scanda en ce silence lourd les termes exacts de la dénonciation:

«Ça continue. Puisque ça vous amuse, conseillez donc à Maheustre et à votre Claire (j'écris: votre, je ne sais pourquoi car, c'est sa Claire, à titre exclusif) de s'afficher un peu moins et de s'aimer un peu plus pour eux et un peu moins pour le public des premières—et des centièmes—de Paris, des environs et du quartier...»

Il ne voulait pas se rappeler la précision du quartier.

Et il étirait les minutes en attendant l'éclat de rire libérateur.

Sa pensée va à sa femme, à son existence auprès de lui, sans reproche, sans arrière-goût, à la grâce et à la bonne grâce qu'elle a modelée, éployée en recevant des amis, des passants et des ennemis, et à des soirs qu'elle variait, qu'elle enchantait de sa douceur, de son abandon, de l'harmonie de son être, de son âme souple et haute, de son encouragement tacite, de sa confiance et de son affection.

Et sa pensée va aussi à ce ventre tout neuf, qui perce son horizon comme un boulevard neuf, qui lui ouvre, en son essor d'inventeur, mille idées troubles encore, qui ajoute à sa vie de l'infini comme une voiturette électrique.

Sa pensée va aux jeunes espoirs qui se sont levés autour de lui depuis quelques jours et qui lui semblent reculés, encastrés dans le passé, aussi vieux que lui, qui lui paraissent nécessaires, inséparables de soi comme les compagnons d'enfance qu'on n'a jamais la chance de rencontrer, les jeunes espoirs se dessinant en des lettres chuchotées de Claire, où les mots apâlis chantaient dans l'oreille et ne s'achevaient pas, où les chères confidences s'arrêtaient et mouraient pour renaître...

Il compare—et il tremble comme en un sacrilège—ces lettres chuchotées à cette lettre qui insinue et qui confirme, qui, creusant une blessure, a l'apparence d'aviver une blessure ancienne et douloureuse.

Il ne se rappelle plus s'il a reçu d'autres lettres, avant: ce sont comme des hoquets troubles sur quoi se vautre le nonchalant mépris, et, plus anxieusement, il attend l'éclat de rire.

Marbon se décide: il édite un mot canaille, il se retranche maintenant derrière le rempart de la banalité, derrière les bastions des boulevards extérieurs: «Evidemment, articule-t-il, ça n'est ni poli ni flatteur».

Que risque-t-il? Je ne suis pas de ses amis. Je ne souris pas assez à ses mots. Je ne me pâme pas et je ne suis jamais assez saoûl pour lui.

Il me tient pour un étranger: je parle une autre langue et je suis distant de lui de toute la portée de son esprit, de la mise bout à bout des éclats de rire qu'il arrache.

Et il n'a trouvé à mon propos, sur moi, rien de ce qui frappe, de ce qui assure la gloire d'un soir. Je lui échappe, n'étant pas assez mondain, n'étant pas assez nettement grotesque: il ne me rate donc pas.

La figure de Tortoze s'est lâchée: la flamme de ses yeux a été bue par une stupeur, sa lèvre tremble sous sa moustache recroquevillée: le ventre neuf, les soirs tendres, les baisers, tout se retire et les jeunes espoirs, les idées d'hier, les esquisses, les épures, les projets, tout éclate comme une pauvre fusée ancien modèle.

Marbon jette un regard qui s'obstine à plaisir et parce qu'il est convenable, sur ce désastre noir, pèse le vide affreux et soudain de cette âme, de ce corps brûlé des caresses de naguère, des caresses de cinq ans et dépouillé de ces caresses, la chair déchirée avec, plonge comme un couteau en ce cœur énervé qui ne saigne déjà plus et qui s'effiloque, galope devant ces yeux liquides, devant cette bouche d'où les baisers ont fui, en laissant des creux, abaisse ses paupières jusqu'aux mains qui frémissent dans le désert des étreintes abolies, et, de sa voix classique de bon garçon, se lançant en un étonnement qui s'échevèle et qui, pourtant, «la trouve bien bonne», à cause de sa réputation, il interroge le douloureux fantôme, le pèlerin de sa honte et de son honneur: «Comment! tu ne savais pas?»

M. Tortoze sait maintenant; M. Tortoze sait tout, M. Tortoze sait plus: c'est par bienveillance, bienveillance d'ingénieur qui écoute un sous-agent, qu'il écoute Marbon dévider l'écheveau brouillé savamment de ses défiances et de ses réticences, de ses suppositions, des preuves, des témoins: M. Tortoze n'entend pas, M. Tortoze n'entend pas les «Tu sais... moi, ça ne m'intéressait que pour toi... moi, c'est les choses rigolo...», M. Tortoze ne voit pas ce petit homme replet à souhait, si heureusement chauve, qui caresse sa barbe blonde joviale et touffue, M. Tortoze s'évade de ce tiède hiver, de ce paysage d'eau bienfaisante et de grilles, M. Tortoze saute par-dessus les montagnes, les puys et les pics jusqu'à ce ventre de tromperie et de vol et jusqu'aux journées de volupté qu'on lui a dérobées. Il sautera à pieds joints dans ce bonheur illicite, dans ce passé d'hier, d'étreintes et d'extases.

Des soupçons anciens ourlés, gangrenés d'indices, grossis comme des sources promues torrents, sources perdues sous des rochers et de la terre, puis jaillissantes, énormes, dévastatrices, des allusions qui se gravent dans l'air et dans le ciel, immenses, des ricanements qu'il retrouve comme des pistolets chargés qui se déchargent, tout n'est plus, il n'est plus, lui-même, qu'une preuve.

Pas de discours:

«Viens,» dit-il à Marbon, car il ne veut pas le perdre en route, bagage d'ignominie, honte de rechange.

Pauvres affaires et vous, inventions, M. Marbon et M. Tortoze vous délaissent pour de la souffrance, pour de la cruauté, pour de la littérature.

Ils voyagent sans un mot, cependant que Marbon se perd en des imaginations de drames et que Tortoze s'affole, s'affaisse, se perd en ses malheurs, en ses stupeurs, en sa colère nerveuse et s'impatiente, en sa hâte d'être malheureux à deux; M. Marbon l'accompagne jusqu'à sa porte et lui serre la main, d'une manière inspiratrice: «Tu n'as plus besoin de moi? Au revoir, vieux.»

...Tu n'as plus besoin de moi! c'est vraiment un mot, un mot de vaudeville où il y a tout, Iago, et la Mouche du Coche, la mouche vénéneuse,—et où il y a Satan, sans plus.

Et «Au revoir» ça signifie: «Ce n'est pas toi que tu dois tuer.»

M. Tortoze n'a pas répondu: il s'est rué dans l'ascenseur, il a lancé l'ascenseur comme un boulet et il a buté contre sa femme qui sortait: «Ah! misérable! tu vas chez lui et...»

...Non, je ne puis plus évoquer, je ne puis plus lire dans hier! Claire! Claire! il n'y a plus que toi sur ce palier où tu rencontres ton mari: il s'abîme dans l'ascenseur, dans le train, dans Vichy et tu m'apparais seule, échouée, sanglotante, couchée, le ventre en travers, pleurant, te secouant, mourante...

Et je ne sais plus si Tortoze a voulu te faire vomir mon amour et mon être, te faire cracher les jours de délice, s'il t'a imposé, dicté la lettre que j'ai reçue et je ne veux pas savoir s'il t'a injuriée, s'il t'a battue, même, s'il a été malheureux, lui aussi: il n'y a que ton malheur: il emplit le monde, il n'y a que ta douleur et je n'en ai que le reflet—et il suffit à me tuer.

Et le monde qui s'agite en toi, et l'enfant qui commence à hésiter en toi, le moindre geste, le moindre mot, la moindre honte en cet ouragan de hontes et de mots, un rien peut, a pu le briser, l'émietter, comme une miette qu'il est: la mort partout! Ah! quel cauchemar!

Et pour chasser ce cauchemar, ces cauchemars, j'ai tapé sur l'épaule de M. Marbon.

Car c'est de l'avoir vu venir à moi, tout à l'heure, si amical, que j'ai tout deviné, que j'ai dénoué l'énigme de mes peines, que je me suis retrouvé en mes peines, que j'ai bâti l'invisible échafaudage de mes peines et l'ossature de ces catastrophes.

Il était tapi, à m'attendre, à me guetter: avant de s'enivrer de vin et d'alcool, pour les autres et de les amuser, il voulait son ivresse à soi, une ivresse personnelle, neuve: il est venu s'enivrer de moi et de ma souffrance, il est venu s'admirer en mon accablement, en mes ruines.

Et à mesure que ma conviction, en saignant, en ricanant d'un ricanement d'agonie, grandissait, je me faisais plus amical, moi aussi, par un stoïcisme contraint.

Mais je ne puis plus. «Allons boire, mon vieux Marbon.»

Je lui ai un peu froissé l'épaule: il en est fier: ça lui prouve que j'ai mal.

—Oui, dit-il, allons chez Durand: nous y pigerons ce cocu de Bastil.

C'est une attaque directe, c'est une flèche en ma blessure.

Continue.

Ça saigne mais ça saigne en dedans.

Il insiste: «Les cocus me font toujours rire.»

—Vous le leur rendez.

(Une politesse en vaut une autre.)

Mais pour Dieu! qu'il ne me parle pas de Tortoze! Il n'a garde: c'est son ami.

Mais Bastil lui reste. L'aventure est connue d'ailleurs—et c'est une affaire arrangée: tout le monde est au courant.

«... Il a été épatant. Il a pris sa femme par les cheveux, l'a traînée à son père en la tenant d'une main pendant que, *de l'autre*, il lisait une lettre...»

L'épithète m'a échappé, la plaisanterie et l'esprit.

Est-ce une façon de me renseigner? Est-ce ainsi que Tortoze?... Claire n'a ni père, ni mère: elle est aussi orpheline, aussi fille unique que possible. C'est une anecdote, sans plus, un à-propos.

Mais voici le café Durand et voici Bastil, tout en effort pour avoir l'air insoucieux, Parisien, sans grotesque.

Et je me le paie—amèrement,—ne pouvant me payer Tortoze.

Je tâche à lire sur lui les tourments, les pensées de Tortoze, ses mauvais desseins et son horreur. Il y a des gens qui entoureront, qui entourent en un autre café Tortoze comme nous entourons Bastil, qui l'écouteront ne pas parler de moi comme nous écoutons Bastil ne pas parler de son ami de l'autre semaine, le peintre Aupayr—et Aupayr ira s'asseoir à la table de Tortoze.

Je me sens une sympathie glougloutante et gloussante pour Bastil, et Bastil est plein de sympathie pour moi: il me choisit parmi ses disciples frais et me parle, me parle.

Causerie qui embrasse la terre—puisqu'il n'embrasse plus sa femme,— qui étreint les peuples, les rêves, la science, qui empoigne à bras-le-corps la société, les tyrans, les lois,—puisqu'il ne s'est pas battu avec Aupayr.

Et, de toute la fureur qu'il n'a pas mise en son infortune, de la fureur avec laquelle il fuit son infortune, il se précipite dans des paradoxes, dans de l'éloquence et m'entraîne à sa suite: hélas! il ne m'entraîne pas: je reste, moi, au bord de mon malheur, et ce n'est pas ma faute si je n'y rentre pas— jusqu'au cœur, jusqu'aux lèvres, jusqu'aux yeux.

Ma fièvre n'a rien de général et si je pleure toute la souffrance humaine, c'est que je l'ai posée, toute, en ma souffrance—dans un coin.

Et Bastil est trop vertigineux pour moi: je m'en dépêtre, malgré ses invitations, malgré sa sympathie qu'il enroule autour moi, en phrases éperdues.

Quelqu'un s'en va, me suit: c'est ce bon Marbon. «Rigolo, hein? exulte-t-il. Ça ne l'a pas vieilli. Ça lui réussit...»

Mais il s'arrête en son discours: il vient d'apercevoir Tortoze qui approche.

Marbon se fige de joie, d'anxiété voluptueuse: que va-t-il se passer?

Tortoze ne se l'est même pas demandé: il n'a pas vieilli, lui non plus: il est comme pétrifié, cuit en dedans, tout en un effort pour n'avoir pas l'air, comme Bastil.

Il a dû, avant de sortir, laisser à Claire assez d'outrages, de haine, de menaces, de reproches et—ce qui est pire—de plaintes et de larmes pour qu'elle puisse attendre son retour sur une réserve effroyable de remords, de plaintes, de honte et de larmes, pour qu'elle puisse se crier à soi-même après le lui avoir crié à lui qu'elle l'aime encore, qu'elle n'aime que lui, qu'elle veut son pardon, qu'elle veut son amour; elle lui a tendu ses lèvres, son ventre fragile, ses bras, ses cheveux, elle a tordu autour de lui comme des chaînes qui glissent sur la peau, ses protestations, ses gémissements, ses hurlements d'innocence et elle proteste pour soi, elle hurle pour soi, elle est innocente, de son amnésie, de sa volonté, de son manque de volonté, de son néant dolent et de son humilité.

Et M. Tortoze va son chemin, son chemin de tous les jours, calme de la folie qu'il a dépensée chez lui, qu'il a placée à gros intérêts, la moustache noire renflée, bien pris en sa petite taille, aussi mince, pas plus maigre qu'auparavant, coiffé de son éternel tout petit chapeau mou de voyage, de descente dans les mines et d'ascensions aérostatiques et il ne soulève pas un chapeau devant nous: il passe, sans affectation, il passe comme il passerait devant des inconnus.

Marbon reste stupide, se demande une minute lequel il va choisir des deux misérables que nous sommes, Tortoze et moi et il se décide pour moi, parce que, évidemment, je souffre plus.

Il opte pour la pire jouissance.

Et il s'étonne:

—Vous avez vu Tortoze?

—Oui.

—Il ne vous a pas vu?

—Je ne sais pas.

—Vous n'êtes donc plus bien avec lui?

—Et vous, vous n'êtes pas fâché?

Marbon s'indigne: il y a trois jours, ils étaient ensemble à Vichy, il l'a ramené lui-même et l'a laissé à sa porte!

—Alors c'est moi, accepté-je négligemment. Ça m'ennuie parce que j'aime beaucoup Tortoze. Mais il est si capricieux!

Marbon s'indigne encore, il n'est personne d'aussi peu capricieux, d'aussi sûr dans ses amitiés que Tortoze. Il se fâche rarement. Il faut qu'il y ait quelque chose.

—C'est qu'il y a quelque chose.

Marbon est un homme du monde: il n'insiste pas: il a assez remué le poignard dans la plaie. Il s'achemine vers les sujets classés de conversation et me déplie, comme des cinématographes successifs et troubles, les potins d'ici, de là, qu'il contera ce soir à toute personne, en y ajoutant, comme une couronne fermée, mon scandale à moi et des détails de bon goût.

Puis, sournoisement, il me décoche un mot, un mot que Claire a «fait» il y a dix-huit jours, qui a couru tout Paris depuis, que j'ai retrouvé quand je ne la trouvais pas, qui m'a déplu parce que c'était un *mot*, un mot d'homme d'esprit professionnel, un mot de philosophe et presque un mot de fille—et un mot qui, à cette heure de douleur, me soufflette de sa joie, survit à la liberté d'esprit, à l'esprit de Claire et nous survit.

Cette fois Marbon a visé juste.

D'une voix brève et saccadée, d'une voix de juge, je lui ai demandé: «Vous savez de qui est ce mot?»

Il ne s'agit plus de faire le malin. Marbon a brisé ma vie, en collaboration, a donné le coup de pied de l'âne, le coup de revolver qui achève le condamné et j'ai tout subi et je l'ai subi, il m'a parlé de Tortoze et j'ai subi cela! Mais que sa bouche épaisse s'entr'ouvre pour proférer le nom de Claire—et je le tue comme un chien.

J'aurai tort parce qu'il est sacré, que je ne pourrai jamais prouver sa méchanceté et qu'on le respecte parce qu'il n'a jamais rien respecté.

Je le tuerai... mais je ne le tuerai point car Marbon m'a regardé et a compris.

Alors, en une idée de génie, il me brave du regard et brave le ciel: «Si je le sais, articule-t-il, bien sûr que je le sais: c'est...»

Il écoute un instant ma douleur, ma fureur, mon regret qui s'entrechoquent, la folie qui me prend, il écoute même la mort qu'il sent à côté de soi, sur soi, et, paisible, lâchant le ciel, baissant les yeux en une modestie arquée vers ses pieds d'enfant, il achève sa phrase:

«...c'est de moi».

III

LE TROU AUX LETTRES

—*Mon cher amour (c'est pour me faire plaisir à moi, c'est pour moi que j'écris: mon cher amour et je ne sais si vous me le permettez et je ne sais si vous êtes digne encore de ce nom et je ne sais si vous lirez ma lettre) mon cher amour, je t'écris pour ne pas crier, pour ne pas crier ma tristesse et mon horreur à tout le monde, comme, tout de suite, je viens de pleurer devant tout le monde. Ça a duré une heure, je crois: des gens se relayaient autour de moi qui tâchaient à me consoler et ça me faisait pleurer plus fort. Il y en avait qui t'avaient vue et c'était un engrais à ma tristesse et il y en avait qui ne t'avaient jamais vue et je me lamentais à la pensée que jamais ils ne comprendraient pourquoi je pleurais. Si je me suis arrêté, c'est que je n'avais plus de larmes et voici que je gratte le papier comme on gratte la terre en une attaque d'épilepsie, voici que je me lâche et que des ongles de mon cœur, de mon cœur en lambeaux, de mon veuvage irrité, de ma crainte pour toi, de ma crainte pour ce que tu portes en toi, de mon impuissance et de ma colère, de ma faiblesse et de mon désert, je déchire ce papier, voici que ma main, la main qui tient cette plume s'irrite, se cabre, se déchaîne de tout cela et voici que je t'appelle dans de l'encre, ainsi qu'en un cachot, sachant que tu n'entendras pas, que ton cœur seul entendra, s'il veut, et que je ne puis te parler que de mon cœur à ton cœur parmi tant de dangers, tant de mauvaises volontés—et la tienne. Mais je t'aime. Il fut un temps où le bonheur m'emplissait tant, me murait si étroitement que je ne trouvais que ces trois mots, que ces trois mots seuls échappaient à la molle et muette apothéose de mon être. Et ces trois mots, de leur boucle d'infini, me sont aujourd'hui la bouée de sauvetage où je tâche à m'accrocher en l'effroyable naufrage de ma connaissance et de mon être, où je me hisse pour échapper aux profondeurs glauques et électriques d'une mer méchante et c'est le talisman, le talisman veuf qui me reste après la ruine, en une agonie. Ce sont les paroles magiques que j'écoute, les mauvaises paroles, les paroles dont j'écoute la folie, les paroles de belle et pure folie dont je chasse les folies horribles et lourdes. Et c'est le refrain dont je berce mon enfance soudaine, épuisée, cahotante, et c'est aussi une image dont je veux voiler la vie. Une image! toi! te revoir! ah! je n'ose pas y penser et je saigne de penser à toi. Tu n'es pas celle que j'ai connue, tu es de la douleur et du remords. N'aie pas de remords, je te le défends. Si mes baisers et ma tendresse, si l'intensité et la qualité de mon amour, si mon effort vers l'éternité de mon amour, si mes larmes, si la fatalité que Dieu a voulu mettre dans les heures brèves de nos étreintes, m'ont donné—et ils m'ont donné—des droits sur toi, je te défends d'avoir des remords. Nous nous sommes aimés, nous devions nous aimer. Nous n'avons mis que de la beauté et de la douceur en notre amour, nous nous sommes aimés sans bassesse, sans chercher les gros plaisirs et les grosses subtilités, les futilités gloussantes et les farces de chatouille dont on souille, dans l'adultère professionnel, la volupté. Tu es ma femme, devant Dieu et devant la mer. Tu es en exil, en ce moment, et en servitude chez cet étranger, chez ce maître de hasard, chez cet homme qui te captura sur l'océan d'ignorance et de simplicité, sur l'océan de jeunesse et de bonne foi, ton mari. Souffre mais ne souffre que jusqu'à l'âme, jusqu'au cœur— exclusivement. Ton âme, ton cœur, c'est à moi, c'est le sanctuaire que tu dois préserver dans* les pires tourments, dans les pires abandons; c'est un dépôt sacré, ce n'est plus à toi, ça doit te survivre, pour moi. Et, douloureusement, sois fière comme toujours tu as été fière. Par-dessus tout Paris qui nous sépare, par-dessus les lois humaines et l'hypocrisie humaine qui nous séparent, élevons notre amour, jetons-le de l'un à l'autre et éployons-le comme un dais merveilleux et divin. Il couvrira même les pauvres gens qui vont obscurément par la ville et ce leur sera un peu de révélation, un peu de douceur, un peu de splendeur et un peu de ciel. Attendons les jours proches où nous nous retrouverons pour toujours. Et soyons tout espoir et tout courage. Mais non! tu pleures! Pourquoi? Tu ne sais pas: tu pleures. Et je pleure, je me remets à pleurer. Je ferme cette lettre sur une larme, larme tombée à une place où j'avais posé mes lèvres fanées, mes lèvres en jachère, lèvres stériles. Et je n'ai pas eu de mal d'ailleurs: j'avais posé mes lèvres partout, sur tout ce papier, pour le préparer, pour en faire notre invention, notre propriété, notre chose, la chose de notre deuil et de notre douleur. Je me décide à clore cette lettre: je pleure tout autour. Et je veux qu'elle ne t'apporte qu'une larme: une seule larme, ce n'est pas triste. Retrouve mes baisers sous les mots, au cœur des mots, les trouant, les bossuant de leur fièvre. Et aime-moi. Aie confiance. A bientôt. Je t'aime, je t'aime.»

...«En jetant à la poste cette lettre, en te l'envoyant très vite comme si tu l'attendais au bureau de poste, en te la jetant frénétiquement comme on se tue, je me suis crevé le cœur. Il ne m'est plus rien resté de toi, après, car cette lettre, ce m'était devenu quelque chose de toi. Je m'étais imaginé ton émotion en la recevant, ta quête des baisers sur le papier et ton effort vers ma larme. Et les baisers donnés, je les croyais reçus. J'ai été plus pauvre tout de suite après, tout pauvre et voici que, péniblement, en bégayant, en voulant retrouver des mots, des baisers et des secrets perdus, je t'écris une lettre nouvelle, pour ne rien dire, pour moi, en transfigurant cette lettre, en en faisant une conversation avec toi où tu me dis de si belles choses! Je n'ai qu'un mot à la bouche et au cœur: «Viens!» Ne t'en irrite pas; ne t'en attriste pas, ne crie pas que c'est impossible. Tu songes à venir et tu n'oses pas, tu le chasses, ce mot, et tu envisages des avenirs, des avenirs cul-de-sac, sans issue. Nous percerons des horizons, nous trouerons ces avenirs de notre infini, et, de cet infini, du reflet de cet infini, sans y toucher, des boulevards s'étendront rapides, des boulevards de triomphe et de facilité. Et je n'ai pas le cœur à faire des phrases, j'ai le cœur à toi, âcre, jaillissant, se perdant en sauts de grenouille et de grenouille douloureuse et j'ai ce mot qui ne rime à rien: «Viens! Viens!» Et je t'attends...»

...«C'est Trouville, se levant lentement de la mer et c'est un bar où nous sommes quatre et où nous mangeons, Anthelme Cahier... ah! tu ne sais pas, chérie et voici une parenthèse: mon Anthelme Cahier, celui que j'avais élu entre tous comme ami, qui m'offrait l'envers de sa bouffonnerie, la gravité de sa fantaisie, la profondeur de sa légèreté, la simplicité de ses phantasmes, Anthelme Cahier à qui je dois les heures les plus fraternelles et les plus émues de ma vie, Anthelme Cahier s'est détourné de mon chemin et de moi, m'ignore et me méprise. Il paraît qu'il est marié, lui aussi, et tous mes amis mariés ont reçu des lettres anonymes—ou lui tout au moins. Anthelme Cahier donc nous conte des choses et des choses diverses à Trouville quand, à une table, partageant le repas du patron et des garçons, il aperçoit un tout petit homme, cuit et ratatiné par la vie, d'un blond vert-de-gris, les yeux vifs comme de minuscules souris vertes cherchant un trou où fuir, qui l'observait depuis longtemps, tâchant à se rajeunir pour que la reconnaissance fût plus facile. Cahier le reconnut enfin et l'appela. Ce petit homme était tout rêve et toute nostalgie. Armé d'une cithare aiguë et plaintive comme Don Quichotte de son armet, il enfilait les rêves et les lâchait pour les laisser retomber sur leurs ailes, il égrenait des tristesses menues qui se faisaient tout intimes et qui se faisaient tout immenses, personnelles et secrètes comme une cicatrice et générales comme la mort. Rien n'est plus sensuel, rien n'est plus sentimental: ça vous prend aux nerfs et ça vous prend à l'âme et ça vous prend aussi aux cheveux qu'on n'a pas, aux cheveux de son amie, qui grandissent, qui se tendent et qui se détendent, qui deviennent les cordes de la cithare, et qui crient vers vous et qui crient vers Dieu et vers tout. Et je n'écoutai pas longtemps: je fondis en larmes. Cahier et les deux autres ne se moquèrent pas: ils s'arrêtèrent au bord de mes larmes et me laissèrent pleurer. Je t'imaginais en des matins d'Écosse et en des mélancolies légères. Et je croyais que je m'attendrissais. Je sais maintenant pourquoi je pleurais. Je sais les malheurs que je sentais, je sais que mes larmes avaient une raison—et que j'aurais dû pleurer plus fort—et je pleurai si fort! que j'aurais dû pleurer plus longtemps. Et j'aurais dû mourir en ces larmes. Aujourd'hui Cahier me hait, l'homme et la femme sont séparés, qui déjeunaient avec nous et toi, toi, chérie... Ah! que j'ai mal et que je regrette mes pleurs de Trouville: je ne t'avais pas possédée encore, je n'avais que des désespoirs et pas de regrets et je croyais que je pleurais pour rien, pour le plaisir! Et tu étais si loin! Moins loin qu'en ce jour!...»

...«Chérie, chérie, un mot, je t'en conjure. J'écris, je pleure, je prie dans le désert. Un mot pour mes insomnies, un mot pour mon incessante agonie et un mot pour moi aussi, pour moi que tu connus et que tu aimas. M'as-tu oublié, m'as-tu renié? Tu n'en as pas le droit. Mais je ne puis que te supplier. Les morts—je songe beaucoup aux morts—et c'est de ma part, presque un égoïsme—les morts se réveillent de temps en temps dans leur bière et ont besoin d'un linceul frais: je te demande un linceul frais, le linceul d'une phrase triste et douce. Et voici encore mes lèvres vaines, qui t'embrassent à vide et voici un baiser captif, un baiser plat, un baiser qui se plie, sans se briser et qui attend.»

«...De mon lit en hâte, un spasme vers toi, un spasme qui déborde tous les spasmes et qui déborde la vie. Un appel, un appel que j'étouffe, à cause des voisins: «Viens! Viens!» Je te veux pour cette minute, pour la nuit et pour la vie et pour l'au-delà, je te veux pour de la volupté, pour de l'extase et pour le tendre compagnonnage de l'existence. Je ne sais comment exprimer ici les soupirs, les râles, les cris inhumains, les gémissements égratigneurs et égratignés qui me déchirent pour toi, la fureur de femme qui me secoue et qui court autour de moi. La chandelle basse qui jette sa flamme à droite et à gauche, qui danse devant des livres et des hardes, le désordre d'une chambre de malade solitaire, mes couvertures marouflées, mes draps raidis et l'édredon crevé, tout est de la détresse, tout est de l'horreur. Et c'est la vie que j'ai à vivre sans toi! Viens: nous serons pauvres. Je connais la pauvreté:

elle ne m'effraie pas. Tu ne la connais pas: elle t'amusera. Et nous avons à nous aimer. Et c'est notre but. Et c'est notre excuse. Ah! chérie, chérie, je ne sais plus ton nom, je ne sais plus que ceci: je t'aime et tu n'es pas à moi, je t'aime et je ne puis arracher de moi avec la peau, le souvenir de tes baisers et de nos rencontres. Tu trouveras ici des baisers sans les chercher, j'ai mordu le papier comme je te mordrais si tu étais là comme je te mordrai quand... mais viens, chérie, viens, viens...»

«...Ce petit bleu te parviendra taché de sang; ce n'est rien. En entrant dans un bureau, pour t'écrire, je me suis coupé à un carreau cassé de la porte; je ne sais si cela porte bonheur ou malheur mais je suis heureux que tu aies un peu de mon sang. Et tu l'auras, n'est-ce pas? et tu iras chercher cette lettre, et les autres que je t'ai envoyées... C'est une semaine de désir, de deuil, de craintes, car j'ai à souffrir pour toi et pour... Ah! je n'ose même pas en parler, à toi. J'ai si peur et je suis si seul, si impuissant, d'une faiblesse si accusée. J'ai mal au cœur, à crever, et chaque matin je m'éveille plus tôt, les yeux hagards, l'oreille tendue et j'attends une lettre, une lettre qui ne vient pas. Ah! que tu es cruelle, chérie! Tu as peur, toi aussi? mais ce n'est pas la même chose. Et tu sais que nous avons toujours eu Dieu avec nous et que notre chance... Oui, tu souris et d'un sourire de tombe: notre chance!... Notre pauvre chance... Ne souris pas de notre chance: ce n'est pas fini et j'ai confiance encore, parmi les gouttes de sang qui tombent sur ce papier. Aie confiance aussi, crois à notre chance et aide-la. Et aime-moi. Je suis devenu un pauvre homme. Et je n'ai plus de place. Un baiser, chérie, brouillé de mon sang.»

«...Il fait froid, très froid. As-tu remarqué, chérie, que, tant que nous avons été l'un à l'autre, il n'a jamais jamais fait froid. C'était une tiédeur bizarre qui amollissait l'hiver et c'était une coulée de chaleur dans de la brume et de la brume dans du brouillard et je ne sais quel amical halo. Le temps n'est plus retenu; il se lâche, il prend la terre, lourdement, méchamment. Ah! reviens-moi pour qu'il ne fasse plus froid et aimons-nous dans du soleil et dans de la joie. Je n'ai pas la moindre nouvelle: j'ai rencontré ton Tortoze qui n'a pas même eu un frisson de colère et j'ai imaginé votre triste ménage et j'ai eu envie de tuer cet homme qui passait. Ç'eût été des larmes encore! Quel être misérable je fais, n'est-ce pas? à pleurer, à pleurer sans cesse. Pardonne-moi, plains-moi et essuie mes pleurs de loin.»

«...Excusez-moi, madame, si ce papier est taché de poussière et un peu froissé. Je vous écris d'une chambre dont vous avez franchi la porte et où j'ai eu le plaisir de vous aborder quelquefois. C'est une chambre qui n'a pas été «faite» depuis un certain jour et qui n'a pas été ouverte depuis. Elle a toujours été pauvre en papier à lettre, comme en tout; je n'avais pas l'habitude d'y écrire, même des billets d'amour. J'y priais et j'y attendais, j'y attends encore, et j'y pleure, chérie. Pardonne-moi le début de cette page, puéril et méchant gratuitement, non, facilement. Car j'ai si mal. Et comme ça me fait mal de t'écrire des lettres infécondes, des lettres qui ne t'arrivent pas, que tu ne vas pas chercher. Je n'écris que pour moi. Et la boîte où je jette ces lettres, c'est un trou, le trou aux lettres, le trou avide qui happe, qui cache, qui stérilise, qui tue. Je suis humilié: il y a là tant de baisers qui restent pliés en quatre, qui ne se lèvent pas, électriques, qui ne crèvent pas les enveloppes, qui ne font pas éclater l'univers, qui ne jaillissent pas jusqu'à toi, tout droit. Ah! chérie, va à ce bureau de poste restante où tu allas déjà en des demi-malheurs, lorsque nous craignions tout, moins que ce qui est arrivé. Et tu seras embarrassée peut-être lorsque l'employé, à l'aveu de tes fidèles initiales, te donnera tant de lettres, les unes de trois mots, les autres si longues. Ne te demande pas par laquelle il faut commencer, ne déchiffre pas les cachets de la poste, mieux formés que mes baisers de fièvre. Toutes, toutes ces lettres sont mêmes: c'est de l'amour et de la tristesse, c'est une supplication et c'est un appel. Et si j'avais eu le texte de ma première lettre, je l'aurais recopié chaque jour—en datant. Et même, pourquoi dater? Ce sont des cris qui survivent à tout, au malheur et à l'espoir, ce sont des baisers qui ne vieillissent pas et c'est mon âme qui, pour toi et par toi, est immortelle. Je te veux. Je te réclame à tout et à toi. Je t'aime.»

IV

LE TÉLÉPHONE SECRET DE LA DOULEUR

Un dialogue s'improvise, s'éternise entre nous, parmi l'espace et tous les méandres de l'impossible.

C'est un dialogue sans «Bonjour. Il y a des siècles que nous nous sommes vus. Comment allez-vous ce matin? Qu'il fait beau», et autres néants, polis.

D'abord nous ne nous voyons pas. Nous savons que nous allons mal et qu'il fait le temps de désespérance, le temps des limbes et de la deuxième mort.

Et c'est un dialogue comme usé, une musique dont on perd une partie, un nuage de paroles et un sourire mélancolique qui pleure des mots.

—Imaginais-tu qu'on pût autant souffrir?

—Je ne souffre pas. Je ne souffre pas du tout. J'attends...

—Qu'attends-tu?

—Toi!

—Moi? moi je ne t'attends plus. Ah! chérie, chérie, je ne sais plus si tu m'aimes...

—Je t'aime. Je ne veux pas me l'avouer, quand j'interroge la pauvre femme que je suis, que je suis devenue, quand je m'interroge comme je crierais, humblement. Je ne veux rien me rappeler de toi, ni la couleur de tes yeux ni le goût de tes baisers parce que me voilà une pauvre femme de terreur, une pauvre forme humaine ployant sous des malaises, sous des préjugés aussi, sous des remords, parce que je fuis ma magnificence amoureuse, ma tendresse en fleurs et le merveilleux épanouissement de ma nature passionnée. Je veux être—je suis hélas!—une pauvre femme qui s'enferme en un linceul de médiocrité, qui a peur de sa tristesse et de ses souvenirs et qui cherche le Léthé où jadis était le ciel; je me fais faire par le temps, par les heures, ces ouvrières de vieillesse, un uniforme de résignation. Mais il y a en moi, il y a, me dépassant, si grande, si furieuse, immense, désolée et frénétique, une autre femme qui se lamente, les yeux ardents et dont les seins se cabrent, une femme qui se dévêt pour se rappeler ta nudité, une femme qui se regarde dans un miroir pour trouver sur le reflet de son corps, en profondeur, tous tes baisers, toutes tes caresses, les chairs où tu t'appesantis, de tes lèvres, de tous tes bras, de toute ta poitrine, et de tout ton cœur, les chairs où tu erras léger, du souffle de ton âme, les chairs aussi où tombèrent, par hasard, quelques-unes de tes larmes, une femme qui fut, qui est ta femme.

Mon petit, mon petit, tu ne me vois pas; j'ai les paupières baissées, je suis étendue sur une chaise longue, je ne lis pas, je ne réfléchis pas, je ne rêve pas; je m'abandonne, je m'abandonne à la femme que je fus, à la femme qui fut ta femme, à ma passion, à mon ardeur, à ma grandeur. Qu'elle m'emporte, en sa course de lumière, en son tourbillon de feu. Qu'elle m'emporte sur la rivière, sur l'océan de ses larmes, de mes larmes jusqu'au lac de tes larmes, jusqu'à l'île de notre fatalité, de notre délice...

—Et que nous dirons-nous, chérie? Il y a si longtemps que nous nous sommes vus! Tant de jours sont tombés sur notre éloignement! Tu te souviens de mon petit calendrier de soldat sur lequel je rayais naïvement les jours où nous n'avions pu nous aimer, ne nous étant pas vus. Je croyais que ces jours ne comptaient pas, que Dieu nous en devait d'autres en retour, plus longs, plus soyeux, plus lumineux, et je croyais qu'il nous les donnerait. Et maintenant les jours se suivent, se chassent semblables, tous à rayer. Et je suis méchant envers les jours, je les méprise, je les jette, je les déchire en des néants, des néants qui ont mal. Ah! les horribles jours où je ne t'ai pas, où je n'ai rien de toi, car jamais tu ne m'as écrit.

—Et que t'écrire?

—Ceci: Je t'aime encore, ou: Je t'aime, simplement.

—Je n'ose pas.

—Ah! c'est l'autre femme qui parle, ce n'est pas toi.

—Hélas! Et je rêve sur tes lettres.

—Tu les as, tu les as, chérie?

—Oui. J'ai du courage pour toi, je n'en ai pas pour moi. J'imagine que mes lettres à moi ne valent pas la peine d'être écrites et que ce serait pour toi une joie moins aiguë, moins âpre, moins folle que tes lettres à toi, pour moi, et je réponds à tes lettres. En la torpeur qui me prend, qui me berce, je pétris mon mal et la trouble douceur de mon être, je pétris ma torpeur en des mots, en des phrases qui vont à toi et quand je me réveille, je suis, de très bonne foi, sûre de t'avoir répondu. Et tu n'as pas reçu ces lettres?

—Je les ai reçues; elles ont vibré et gémi en moi, mais je me suis défié et je n'ai pas voulu y croire. J'ai eu peur de moi.

—Tu as eu tort. Crois.

—Ah! qu'elles sont belles et tendres. Et comme elles se baignent et se dorent d'une auréole de douleur et de fatalité. Tu souffres, chérie, et l'on te fait souffrir. Tortoze...

—Je ne veux pas que tu en parles. Tu demandais tout à l'heure...

—Tu détournes la conversation.

—Je nous la ramène; parlons sérieusement. Tu demandais tout à l'heure ce que nous dirions en nous retrouvant. Nous ne nous dirions rien. Nous irions l'un à l'autre, en pleurant.

—Nous avons tant pleuré!

—Nous pleurerions encore et tant et tant, nous nous embrasserions et nous nous aimerions en pleurant, sans nous en apercevoir. Et nous pleurerions tant pour n'avoir plus à pleurer, plus de larmes.

—Il faut toujours avoir des larmes.

—Ah! sois tranquille! Et nous dormirions ensemble parmi nos larmes et nos baisers, nous dormirions d'un long sommeil qui nous ferait des yeux neufs pour nous mieux voir et une âme neuve, des doigts neufs, d'un beau sommeil d'enfant et de dieux.

—Enfin! car tu te rappelles? nous n'avons jamais dormi ensemble. Nous avons tâché à nous donner un instant le leurre du sommeil mais ce n'était qu'un essai, une mascarade, une ambition de sommeil. Et le sommeil ne s'imite pas. Ah! chérie, viens t'endormir, viens, je t'attends, viens, mon amie. Nous aurons les beaux palais du sommeil et ses larges routes, ses déserts moelleux et ombrés. De n'avoir pas dormi depuis des jours et des jours, j'ai soif de sommeil avec toi. Et de pleurer solitaire, j'ai soif de pleurer avec toi. Et il me faut tes larmes pour chasser mes larmes, il me faut des larmes fraîches et amies.

—Tu as beaucoup pleuré?

—Je pleure.

—Il ne faut pas pleurer: tu me prêches le courage, et tu pleures!

—Je pleure pour attendrir Dieu, pour qu'il te permette du courage et de l'orgueil. Je m'humilie pour que tu sois moins humble, pour rompre l'équilibre et pour que tu retrouves en mes larmes l'énergie, la furie qui te manque. Et je pleure aussi parce que ça me fait du bien et parce que j'ai mal, chéri.

Et je pleure de tous mes yeux, de mon cœur et de mon ventre qui se plisse en des sanglots et en de demi-sanglots.

—De ton ventre?

—Ah! oui! tu ne sais pas! mais mon ventre souffre comme le tien, parallèlement.

—C'est fou.

—C'est vrai. A des moments, de plus en plus, depuis que le temps passe, je me sens tiré à toi, de toute ta faiblesse, de ta lassitude, de ton néant. Je n'ai plus de mal localisé mais je reste couché, malade, de toi, comme toi. Et *il* me parle de toi.

—Qui?

—Le petit.

—Ce n'est pas encore un petit.

—Ah! je le sais bien, chérie, je le sais trop. Il ne ressemble même pas à une grenouille, il a l'air de danser et il est roide, se détendant à peine en des ruades électriques, il a une tête énorme, des bras comme des ailerons, un corps sans articulations, sans viscères.

—Ah! tais-toi, tais-toi!

—Pourquoi? il est à moi: il me fait souffrir. Je suis père.

—Et moi?

—Les femmes sont mères: c'est entendu, c'est une La Palissade, c'est une fonction, mais jamais les hommes ne furent pères. Ils ne sont pères qu'après, quand il n'y a plus à avoir mal, quand il n'y a plus l'œuvre de gésine, quand il n'y a plus de danger dans la chair, quand il n'y a plus que les molles et inoffensives inquiétudes morales. Moi, je suis père, comme j'aurais été mère, si j'avais été femme, de tout moi, de mon ventre, de mon sang et de ma chair, de mes entrailles contractées et saignantes, de mon mal de cœur, de mon mal de tête, de mes évanouissements et de mes nausées. Et je souffre volontairement—et tant, tant! Je souffre surtout de si loin! J'espère que je prends une partie de ton mal, la plus grande—car je souffre beaucoup.

—Il me reste de ta souffrance, mon ami.

—Mais moi, j'en mourrai.

—Et moi?

—Eh! non! Je t'ai déjà dit que chez toi, femme, c'est une fonction, mais être père, comme je l'entends, comme je le suis, c'est une coquetterie, un sadisme. On en meurt—et c'est justice. On n'en est jamais mort jusqu'ici parce que je suis le premier à être père de cette façon-là. Et je blasphème. Pardonne-moi d'avoir parlé ainsi de toi, de moi, de notre chère vie et de ma chère mort.

—Ne meurs pas!

—Pourquoi vivre? Tu n'as pas voulu venir à moi. Tu imagines bien, n'est-ce pas, que je ne m'accommoderai plus jamais de nos minutes adultères, de notre volupté de fraude, morcelée et hagarde, qu'il me faut ta chair, ton être, toutes tes heures, qu'il faut que tu sois ma femme, pour moi et pour le monde. Et tu ne le peux pas. Je crois que cet enfant, notre mal, nous cracherait à la face nos baisers, volés dans un coin, nos baisers d'êtres stériles. Regarde autour de nous: ce ne sont qu'adultères. Adultères inutiles qui réussissent, qui s'imposent et qui s'imposent sans brutalité, qui s'insinuent, qui se font accepter, qui se font recevoir. Les gens ferment les yeux—comme en une chatouille—et ça dure, telle une plaisanterie trop longue. Nous, nous n'avons pas été malins; nous ne savions pas: nous avons déshonoré l'adultère, puisque nous en avons fait une chose jeune, pure, passionnée et sainte. Nous savons maintenant, et, n'est-ce pas? nous ne voulons rien savoir. Subirons nous que, en des dîners, on nous place l'un à côte de l'autre comme la pièce de résistance du scandale quotidien, du scandale de chaque soir, du scandale-apéritif et du scandale-réginglard?

—Je te veux.

—Viens!

—Je viendrais le ventre en avant.

—Eh! viens, chérie: il en est temps encore et je ne mourrai pas. Le ventre en avant! Mais c'est là que s'est tapi, que s'est réfugié notre amour, et c'est de là qu'il t'emplit, qu'il m'emplit la tête, le cœur et l'âme. Et cet enfant me parle, de ton ventre, de mon ventre, d'une voix intime, d'une voix secrète, d'une voix sans humanité, sans réalité, toute divine, toute d'ailleurs,—et tellement de nous! Il me dit: «Tu ne penses pas assez à elle. Tu y penses comme à ta maîtresse, tu ne la vois pas, tu ne l'aimes pas en soi. Elle est si belle, si douce, si lente, d'une beauté qui s'élève peu à peu et qui est prenante, sans rien faire pour cela, en passant, d'une beauté de prédestination et de charme, de majesté pas appliquée et de simplicité glissante. Elle a les yeux les plus vrais du monde qui vont au fond des choses et des gens. Et vous êtes à moi tous les deux, profondément, totalement: vous ne vous penchez même pas sur moi, je vous tire à moi, je vous prends, je vous ai pris, je vous garde.»

«Et je dis au petit enfant:

«Tu ne sais pas: nous ne sommes pas à toi, nous ne sommes pas l'un à l'autre. Nous sommes des étrangers et étrangers pour toujours parce que nous avons été l'un près de l'autre, à des moments. Et nous devons avoir des remords, pour le monde et pour nous—et oublier.»

«L'enfant dit:

«—Et m'oublier moi aussi?

«—Petit enfant, petit enfant, c'est là bien autre chose. Je n'ai même pas à t'oublier, il faut que je renonce à tout toi, depuis les pâles instants, où, dans la brume créatrice et la brume hésitante, je pensais à toi et à ta mère, ensemble. J'ai été sacrilège en te faisant: j'aurais dû te laisser faire par un autre bien et légitimement déterminé. Tu eusses dû être de lui, ou ne pas être. Et tu es de lui. Je suis un misérable, un bouffon—le bouffon fécond—le voleur qui donne, je t'ai abandonné d'avance, j'ai fraudé, j'ai trompé, j'ai été larron d'honneur et de chair. Et, écoute bien, petit, petit: voici deux êtres jeunes qui se sourient parmi la vie; leur jeunesse est harmonieuse, ils désirent une existence de labeur et de joie, ils sont harmonieux en eux et pour eux et pour le monde aussi: ils sauront recevoir, seront une intimité profonde et haute et seront, aussi, un milieu charmant, cœur et décor—et ce sera le bonheur et ce sera la joie et ce sera délicieux, aimable, eh bien! c'est impossible! Situation violemment rompue, qui ne peut se régulariser, crime à deux bouches! Pauvre petit! pauvre petit! tu ne me connaîtras jamais!

«Si je te disais plus tard: «je suis votre père», tu aurais le droit de me répondre, comme dans les pièces à succès, «ce n'est pas vrai—et vous êtes un misérable!» Et je suis stérile, par dignité puisqu'on a fait du mot: *honneur*, le contraire du mot *cœur*. Il est plus simple de mourir, de mourir de toi, mon petit: comme ça, tu n'auras rien à me reprocher.»

Viens-tu?

—Je viendrai!

—Ah! tu viendras, n'est-ce pas, comme tu es venue, tu me marchanderas des instants et tu auras peur et nous recommencerons notre vie de forçats condamnés à temps, condamnés à n'être condamnés qu'à temps. Je veux la perpétuité de la peine. Et cet enfant n'est, n'aura été qu'un accident! et mes cris et mes douleurs de bête esseulée, de bête enragée en un veuvage saignant, ç'aura été des mois. Eh! non! chérie! je suis plus fier. Je te veux toute, je te veux nue à jamais, pouvant rester nue, n'ayant pas besoin de remettre tes vêtements, de t'irriter sur des cordons et te chaussant de souliers pour ne pas te commettre en une lutte inégale, avec des boutons de bottines! Te rappelles-tu tes craintes? Lorsque tu redoutais un heurt à la porte, et une irruption de gens de loi, tu disais: «Je mourrai—ou alors il faudra que nous restions deux jours couchés ensemble.» Ce ne sont pas les gens de loi qui sont passés, c'est le monde, c'est la mort, c'est tout, je t'ai gagnée, à la force de ma souffrance et nous devons rester couchés ensemble des jours, des mois, des années.

—Toujours?

—Toujours. Il y a des imbéciles qui croient qu'on ne doit sortir d'un bail à vie que pour de petits baux résiliables à volonté. Ils appellent ça l'union libre! c'est le baiser qu'on peut interrompre, le baiser au milieu duquel on peut s'arrêter, et le baiser, chérie, est un et indivisible—et on ne peut s'évader d'une éternité que pour une autre éternité. Et j'ai si soif de ton toujours, de ton à jamais: tu es ma vie et mon éternité. Et tu ressembles à Marie-Louise, tu ressembles à une Jeanne de Brabant qui épousa un Wenceslas de Bohême, et qui dort au chœur des Chartreux de Bruxelles. Et tu ressembles à tout ce qui est de la grâce, à tout ce qui est de la fatalité. Tu es mélancolie et je me reproche les rires. Ta figure s'élève sur un champ de tristesse et de douceur, et tu sors de la légende et des cieux pour m'y ramener par la main.

—Mon chéri, comme tu es triste, comme je t'aime! Tu n'as pas peur de devenir fou?

—Ah! être fou, c'est le rêve! mais être tout à fait fou, toujours. Et mon ambition ne va pas jusque-là.

—Tu avais de telles ambitions, une telle ambition! Et je t'ai tout enlevé.

—Je te remercie, chérie. Tu m'as détourné du faux chemin où je m'étais engagé, où je m'étais engorgé. Tu m'as guidé des âpres routes de montagnes à des sources, à des ombrages, à des couchers du soleil, à l'ombre chaude. Tu as fait de ma vie qui voulait être une aventure, une belle aventure, la belle aventure. Ma vie voulait être une épopée, une épopée trouble, avec du Machiavel, tu en as fait une chanson. Tu m'as révélé l'amour, tu m'as enseigné la douleur. Je sais tout maintenant—et je puis mourir.

—Encore?

—Je ne suis pas de ceux qui s'arrêtent au beau milieu de leur mort. Selon le mot de Gœthe, je consens à mourir et c'est un long consentement, un ferme consentement qui s'obstine, qui ne se reprend pas.

—Et moi, et moi?

—Tu me pleureras et tu me demeureras fidèle. Et puisque ça m'amuse de mourir! J'aurais pu rompre net notre histoire, la travestir en anecdote—et continuer. J'aurais pu m'établir professionnel de l'adultère comme Canette, comme tant d'autres et m'échapper de la barque bleue d'amour qui sombre, en nageant vers d'autres barques, vers de grands bateaux, que sais-je? Je me suis cramponné à la barque qui sombrait. Je m'y suis attaché sans penser à rien, en rêvant. Il n'y aura pour m'avoir vu que Dieu et les étoiles—et toi qui vivras pour te souvenir. Et ne sois pas jaloux des Naïades qui me recueilleront au fond des eaux: je ne ferai point attention à elles, tes yeux clos sur l'image intime de la beauté, consumé de la fièvre que...

—Mon chéri, tu dis des bêtises. Je t'aime, voilà tout, je t'aime et j'ai mal, ce n'est pas compliqué.

—Moi aussi, j'ai mal et je t'aime, mais vraiment, j'ai mal, j'ai très mal.

...Notre conversation n'est plus qu'un murmure: les paroles se perdent en route, les paroles se brisent et nous ne pouvons nous embrasser dans l'air, à travers l'espace. Et je sais bien pourquoi nous ne nous entendons plus: c'est que chacun de nous ne parle plus qu'à soi, à son mal et à ce fantôme indistinct, à ce clair fantôme, à cette bulle subtile d'avenir qu'est, qui sera notre enfant et que chacun de nous, avarement, jalousement, berce sur ses genoux à soi, berce en soi, dont chacun de nous, étroitement, se berce, dont elle et moi nous berçons notre mal et à qui nous demandons des rondes d'ailleurs, des rondes d'avant et des rondes d'étoiles pour étourdir notre regret et notre désir, auquel nous demandons quelques histoires et quelques mots d'ailleurs pour quand nous nous en irons, pour n'être pas trop dépaysés dans le pays d'ailleurs, pour savoir nous y tenir, pour savoir de quoi parler. Et nous t'embrassons, petit enfant, du baiser que nous nous destinons pour le jour de jamais où nous nous retrouverons, de ce baiser qui nous emplit, qui nous consume, qui nous dessèche, qui nous tue et qui demeure en nous, pour grandir, terrible.

V

LE LIT DE LARMES

Autour de moi se lève la horde des gens qui m'ont aimé et qui ne m'aiment plus, qui ne m'ont jamais aimé, qui me haïrent depuis toujours, qui m'envient, les pauvres! qui me craignent—pauvre de moi!—ou qui me détestent tout simplement parce qu'ils sentent en moi de la vie encore!—et une âme. Il en est dont j'ai trompé les espérances, il en est dont j'ai déjoué les calculs et il en est aussi qui me sont sympathiques et pitoyables.

Ils ont l'air de se relayer, de me faire un mur d'horreur, une escorte de méchanceté et j'ai l'air de ne pas les voir: c'est que par delà leur troupe, par delà le masque mauvais qu'ils imposent à la vie, à travers le brouillard insidieux qu'ils jettent sur la ville, je ne veux regarder qu'une petite lumière tremblante, la lumière de notre amour.

Je veux y réchauffer mes doigts vieillards et ma bouche gercée, mes yeux glacés et mon cœur radoteur. Je veux m'éblouir, m'aveugler de sa misère, de sa maigre clarté. Brille-t-elle encore, ma lumière, la lumière de notre amour? Chérie, tu ne peux pas me voir traverser Paris sur les impériales des omnibus. Tu ne peux voir à mes côtés, me gênant, m'écrasant de leurs hanches, les gens qui m'en veulent, qui me veulent du mal et les gens aussi qui me sont ennemis parce qu'ils ne me connaissent pas et que je n'ai pas une tête humaine.

Tu ne sais pas ce que sont ces jours qu'on traverse sur une impériale d'omnibus, qu'on traverse en musique, avec des bruits de prolonges d'artillerie et de corbillards grinçants, ferrés, épileptiques. Et peut-être ne sais-tu plus ce qu'est, ce qui fut la lumière de notre amour? Je m'en éblouis, je m'en aveugle, sans être bien sûr de l'apercevoir, je la crée de toute ma faiblesse, de toute ma désespérance. Et elle me brûle, elle me consume de son leurre, de son irréalité parce que c'est si près de moi qu'elle brûle, parce que c'est en moi qu'elle brûle, parce que c'est de moi, de moi seul qu'elle se nourrit.

Torche pâle qui dort parmi l'or du printemps, flamme pâle qui râle, tu agonises, n'est-ce pas? et tu t'éteins, tu t'es éteinte sous des soupirs? Pourquoi je dis cela? Parce que j'ai une preuve: je ne puis plus pleurer.

Les larmes qui ont été mes dernières amies, les larmes qui ont été notre dernier lien, ces larmes, cette humide et lente communion de deux êtres, les larmes qui, en leur ruisseau, emportent mollement les fleurs tristes de tendresse, les fleurs des fiançailles fidèles, les larmes m'ont fui comme tout m'a fui et se sont réfugiées chez des infortunés plus heureux.

J'ai passé quinze jours où je pleurais à propos de tout. Les livres que j'ouvrais dans mon lit, d'une main morne, les mots noirs sur lesquels je voulais traîner mes yeux pour oublier un instant ton cher fantôme d'argent profond, ces livres, ces mots se mettaient à vivre, de par ta vertu féconde, m'émouvaient de par ta vertu d'émotion et je t'y retrouvais cachée et je t'y retrouvais couchée, me souriant, m'appelant, me regrettant.

Ces livres, ces mots que je tenais dans ma main s'enfonçaient dans les plus chers lointains, se nuançaient des pires infinis et ces mots me sautaient à la gorge, au cœur et t'offraient à moi, pas très proche, belle et inaccessible—et mienne. Des mots naissaient sur les pages: les mots «promis», «promise», «femme», «mère», «maîtresse», «malheureuse», des mots rares qui étaient à nous quand nous étions l'un à l'autre et des mots de vulgarité que nous faisions entrer dans des ciels d'élégance. Je laissais se fermer le livre qui m'avait permis cet émoi quotidien, cet émoi matinal, ces larmes qui coulaient au bord de ma journée et je pleurais un peu, beaucoup, sans livres, pour toi, pour moi, pour rien; c'étaient des larmes où tu te mirais, sans le savoir, chérie! des larmes qui se magnifiaient de ton reflet, des larmes qui me donnaient de la confiance en l'avenir, des larmes qui me rendaient du courage. Et je m'en allais chercher d'autres larmes. Ah! j'en trouvais par les chemins! C'étaient les chemins que j'avais pris jadis pour aller à toi—et qui me rappelaient tout de toi—et tes discours.

Tu as aimé à me dire, à te dire que notre amour était un grand amour, que nous nous aimions plus et mieux que les autres, par-dessus les autres, que nous avions mis en notre amour la somme d'ardeur et de pureté qui emplit l'univers. Les amants de tous les temps et d'avant les temps s'étaient aimés pour nous, vers nous et c'était une chaîne d'amour à laquelle des anneaux s'étaient ajoutés, sans fin, une chaîne de baisers à laquelle des baisers s'étaient unis d'instant en instant, une chaîne de foi, de fraîcheur, de fièvre qui nous liait, qui épaississait sa lumière et son secret, son immensité légère, sa claire richesse autour de notre foi, de notre fièvre, de nos baisers.

Tu me disais: «S'ils savaient (ils, c'étaient ceux qui nous faisaient du mal, les noirs auteurs de lettres anonymes),—s'ils savaient comme nous nous aimons, ils auraient honte.» Tu ajoutais: «Ah! nous nous aimons bien» et, simplement: «S'ils savaient, si l'on savait!»

Et c'est fini et je ne puis plus pleurer. J'ai recherché mes larmes sur les routes où je les avais perdues et j'ai cherché aussi les discours d'hier, tes discours, chérie, que j'avais rafraîchis et retrempés de mes larmes, mais j'ai le cœur sec, roide et d'une fièvre sèche et dévorante.

Les journaux m'ont jeté ce matin des récits de banquet, le récit d'un banquet où l'on a fêté Tortoze, où l'on a «arrosé» et consacré sa rosette nouvelle d'officier de la Légion d'honneur.

Il est la plus jeune rosette de France.

Le discours du ministre du commerce a été à la fois cordial et éloquent,— et c'était entre hommes. Et ça me rappelle un autre banquet, le banquet du ruban rouge, du simple ruban, où je vis pour la première fois ta femme, Tortoze. Tu es promu officier en dehors du temps, avant l'âge. Je n'y étais pas.

Je veux me réfugier en ma chambre, en ma chambre-tombeau, en ma chambre-souvenir.

Il y a quelqu'un!

Il y a quelqu'un chez moi!

Elle peut-être.

Je m'attends tellement, chaque jour, en ce chez moi et en l'autre chez moi, à te trouver, à tomber sur toi, à te voir jaillir à moi, chérie!

Et j'entre comme un fou.

Écroulée au pied de mon lit, un bras sur ma couverture rouge, ployée, brisée, s'abandonnant, la face molle, et méconnaissable, à la fois vide, incroyable de lassitude et faiblement épileptique, une forme zigzague et flageole, c'est lui, lui, Tortoze!

Comment a-t-il pu entrer? Peu importe. Il est ici.

Et je ne puis que le voir.

Qu'en vais-je faire?

Il s'offre!

Non!

Il défie!

Il menace!

Lève-toi, lève-toi, misérable! Je n'ai pas osé songer à toi depuis des semaines et des mois parce que j'avais peur de voir se lever, d'un coup, toutes les souffrances, toute la souffrance, les mortifications, les tortures que tu infliges à Claire, parce que tu étais le bourreau et le démon, et tu viens toi, ses larmes, tu viens toi, injures, tu viens toi, Mort.

Misérable! Tes affaires te rappelaient à Vichy, à Marseille, ailleurs et tu es resté à Paris, en travers du lit de Claire, étroitement, atrocement, tu l'as gardée, tu t'es acharné, tu as été le couteau.

Lève-toi! Va-t'en! Je t'ai toujours détesté. Il a fallu que Claire passât par toi pour me trouver. Elle me disait: «Quel malheur que nous ne nous soyons pas rencontrés il y six ans.» Elle avait tort. J'étais trop jeune. Nous ne nous fussions jamais rencontrés sans toi.

Tu lui as appris des dégoûts, des raffinements que je ne sais pas, tu l'as dépravée légalement, tu l'as usée, tu l'as ennuyée, tu l'as obsédée.

Et elle t'aimait, et elle t'aime, elle t'aime encore. Tu survis à notre amour, tu survis à son cœur, tu me survis, tu survis à notre éternité.

Je vais te crier tout cela. J'ouvre la bouche:

«...Tortoze!» dis-je...

Mais tu me fermes la bouche, tout de suite.

Tu ne te lèves pas, mais tu lèves un peu vers moi ta face molle et tirée, noyée, ravinée, ta bouche enfoncée, ta lèvre qui tremble, tu te laisses contempler un instant en ton navrement, en ton horreur, puis, de ton bras qui rame, tu indiques le lit, le lit au pied duquel tu t'évanouis longuement et tu fais hésiter vers moi deux syllabes lentes et espacées:

—Là... là...

Ah! j'ai mal et j'ai plus mal.

Je ne me suis pas obstiné en mon discours. Et toute la folie de mon amour, tout mon orgueil, tout mon cœur m'ont abandonné devant toi, je ne me suis plus souvenu de moi, du tout, et je n'ai plus vu que toi et comment tu es ici.

Ces gens qui t'ont félicité, qui ont parlé et souri sur toi, qui t'ont attaché la gloire à la boutonnière et au dos, qui t'ont loué dans ta vie et dans ton être, ces gens t'ont fait plonger plus atrocement en toi, en ta solitude, en ta déchéance, en ton malheur. Te voici, chancelant après les derniers compliments et les dernières étreintes, ne sachant où aller, fuyant même le lupanar obligatoire et officiel et te fuyant toi-même. Te voici mordu de la pire humiliation et voulant y courir, pour mieux oublier la brûlure de ta gloire et l'ironie de ton apothéose, te voici, te ruant, contre la raison, contre la loi, à travers les pièges des policiers et de la propriété privée, en ce domicile que tu ne connaissais pas.

Tu ne l'éventres pas de ta folie. Tu refermes la porte, ou presque, et, tranquillement, tu te déchires, de haut en bas et tu pleures, tu pleures.

Il y a des heures et des temps que tu es là; ton frac froissé, poissé de larmes, te donne un faux air de domestique, en cet après-midi. Et tu es un esclave en effet, l'esclave, le servant de ta douleur, de ma douleur aussi et de la douleur totale, de la grande douleur du monde.

Ah! ta pauvre face, Tortoze!

Tu n'inventes plus et tes idées se brouillent et ton cerveau se perd à vouloir imaginer, dans un passé si proche, ton malheur.

Tu ne peux imaginer notre étreinte puisque c'est le délice et la beauté et que tu ne cherches que de la honte. Et je me sens une effroyable fraternité pour toi. Je me suis perdu en route, je me suis chassé à cause de mon orgueil et je ne vois que de l'horreur, où nous sommes côte à côte. Je veux te consoler.

—Je vous affirme...

Mais j'ai tort de faire effort, de vouloir affermir ma voix. Tu arrêtes mes dénégations, mes protestations et—qui sait?—mes excuses.

Plus affaissé, plus douloureux, plus tragique que jamais, si pathétiquement petit, tu rames de ton bras vers le lit, tu t'y agriffes, tu y cherches vainement des preuves et des meurtrissures, et tu hoquètes:

«Là... là...»

Ah! pauvre homme! j'ai évoqué parfois ton foyer, ton ménage, cimenté de mes larmes, de mon sang, de tout moi et j'ai évoqué votre couple... Ah! Tortoze! et tu souffrais aussi et tu souffres.

J'évoque maintenant une table que je connais, et où s'attablent des gens. Ce sont des maris qui ont perdu leurs femmes. Ces femmes n'ont pas été perdues pour tout le monde. Ils stagnent au bord de la quarantaine comme des crapauds au bord d'un marais avant d'y plonger, de s'y envaser et d'y disparaître. Des demoiselles viennent leur tenir compagnie, manger avec eux, les embrasser de temps en temps, en y mettant les dents. Et c'est le pire néant, la parodie de la volupté et la parodie même de la noce.

Tortoze, Tortoze, je ne veux pas que tu t'approches de cette table-là. Tu me touches tellement que, vraiment, je te donnerais ta femme si je ne me l'avais prise. Tu me l'as reprise toute. Il en reste ici, n'est-ce pas, et tu t'en rends compte, obscurément, profondément, sans pouvoir détailler, sans pouvoir préciser en ton intelligence précise d'ingénieur.

Tu ne peux être malheureux d'une façon précise. Mais tu es si malheureux!

Je me rappelle le discours que, en face de toi, lorsque je venais de la posséder pour la première fois, me tint de loin sur toi ma lointaine maîtresse. Je me rappelle la glose de vos fiançailles: tu vois ici quelque chose que tu n'as pas eue, des sensations, des rêves qui te débordent et tu te lamentes vers eux.

Je ne puis te les donner: je ne les ai plus, je ne sais plus, j'ai mal et tu as mal.

Tu t'obstines: tu voudrais échafauder des reproches, tu voudrais en même temps ramasser ta misère et tu noies tes ongles, ta main dans le lit et tu t'embarrasses dans ta syllabe, dans ton cauchemar, dans tes deux lettres hagardes: «Là... là...»

Pourquoi ne pleurons-nous pas ensemble? Pourquoi ne nous penchons-nous pas ensemble sur ce lit qui est à nous, et où une vie qui est à nous aussi, à toi et à moi... mais il y a le respect humain qui te tient, qui me tient, même en ce moment.

Il y a que, désorganisé, déboîté par la douleur depuis des heures, évadé de ta gloire, de ta vie, tu n'oses pas, tu ne voudrais pas me serrer la main.

Il y a que j'ai honte et que je ne veux pas avoir honte, et que nous avons trop mal l'un pour l'autre.

Mais j'ai une trop grande tentation de me jeter dans tes bras, de pleurer avec toi, de pleurer enfin, car je me suis retenu, car je n'ai pas pleuré, à cause que tu pleurais.

Je vais pleurer ailleurs,—où je ne serai pas chez moi.

Je te fuis, je te fuis pour te faire plaisir car nous finirions, tout de même, par pleurer dans les bras l'un de l'autre, et tu ne me le pardonnerais jamais. Je te laisse la place, je te laisse ma chambre, je te laisse dans les pleurs et je vais vite, vite...

Et je suis revenu le lendemain à cette place où tu avais pleuré: j'y suis venu pleurer à mon tour et je n'ai plus trouvé trace de tes larmes, mais sur le lit défoncé, un écrin s'ouvrait où, de larmes encore de diamants et d'or pâle, s'écartelait ta croix de la Légion d'honneur,—offerte par une souscription spontanée,—oubliée, reniée, vomie, qu'il me faut te restituer, te renvoyer, qu'il me faut, sans phrases, anonymement, comme si je te l'avais volée, te reclouer au cœur.

VI

LIVRÉ AUX BÊTES

...De la musique, de la poésie et des plaisanteries traînent encore du salon aux cabinets de toilette, en tout cet appartement transformé, déguisé en salle de spectacle, des conversations de couloirs ont improvisé les couloirs et l'on rit comme entre des strapontins et l'on chuchote comme en des coulisses.

Il y a un buffet, aussi, plaqué de verres de champagne et de gâteaux secs où des dames s'assoient, s'établissent, s'éternisent, sans boire, sans manger, pour bloquer les victuailles, pour protéger les consommations.

Que suis-je venu faire en cette galère?

Montrer ma tête tragique, mes yeux tombants, ma bouche cassée, exhiber ma fièvre et ma folie, faire toucher du doigt, d'un serrement de main, d'une poussée, ma faiblesse, mon épuisement, ma pâleur et ma colère.

J'ai rencontré tout de suite celle que je cherchais, «l'autre», l'amie, Alice. Elle m'a serré la main, les paupières baissées sur des visions neuves et sur des visions plus anciennes, comme pour se rappeler tout à fait; elle a froncé son front, pincé sa bouche, balancé sa tête comme un oiseau, un oiseau de mauvais augure et elle m'a annoncé qu'elle avait des choses à me dire. Je l'ai implorée d'un ton bref, je les ai exigées, ces choses.

Elle m'a demandé du temps, de l'isolement. Je lui ai fait un désert d'un regard, et elle a senti en ce même regard que des siècles tombaient,—qui ne tombaient plus. Elle a parlé—sous cent yeux, devant cent attentions, devant des hyènes qui flairaient un secret, devant des chacals qui happaient une douleur.

Elle ne m'a rien appris: tout cela, je le savais, je l'avais deviné, ça m'était venu en mes hallucinations, en mes larmes: c'était une confirmation, brutale, apitoyée. Et je me suis accroché à cette messagère de mauvaises nouvelles, à ce courrier de tristesse, à cette courtière de deuils: je l'ai suivie d'une femme à peine connue à une femme inconnue, d'un député à un colonel, d'un chansonnier à un marchand; elle cherchait d'ici, de là, un mot affectueux, un compliment, un sourire à rendre; ombre noire, me tenant, me soutenant à sa robe claire, je l'escortais sinistrement, elle avait encore autour d'elle, parmi ces atmosphères nouvelles, parmi cette ambiance changeante, le souffle de mon amie, de mon aimée; elle avait, en cette fausse atmosphère de joie, en cette ambiance de gaieté, le relent de la désespérance de mon aimée, elle avait, en ces lumières, en cet appartement élargi, sur elle le reflet du coin sombre, de l'obscurité étroite où mon aimée avait pleuré avec elle, sur soi et sur moi.

Va, petite femme, va, futile Alice, cueille des mots d'humoristes et des mots d'imbéciles, parle toilettes, parle littérature; les paroles restent sur toi que tu ne m'as pas rapportées, qui te dépassent de toute leur douleur qui te débordent de leur immensité de résignation, de désespoir et d'espérance, des silences aussi pleins d'amour, pleins de souvenirs et de mirages; je ne te quitterai pas, je m'enivre de cette auréole, de ce manteau tacite et fluide sur toi, sans t'effleurer; je chancelle, je suis sans force, je continue. Va toujours, petite femme, je n'ai pas pris tout ce que j'ai à te prendre. Mais ça viendra.

Et des dialogues ont couru, ont fusé, se sont alanguis dessus, dessous, ont voulu aplatir et noyer mon chagrin,—et des camarades sont survenus qui m'ont voulu consoler, qui m'ont voulu divertir, qui ont voulu m'exiler de ma patrie d'horreur et de voluptueuse lamentation. Ils ont étalé leur amitié comme une nappe, ont placé dessus des friandises de récits, d'ironies, de diffamations, de courage et d'opinions hardies, ont organisé une dînette autour de moi et m'y ont convié.

J'ai mangé du bout des dents—le cœur ne mange pas—et j'ai ruminé mon affaissement, encore, toujours. On m'a laissé à moi-même, au néant.

Et je suis retourné à toi, petite femme, qui errais parmi les salutations et les mots de passe—car tout le monde te connaît et te reconnaît ici, affreusement—et j'ai recherché entre ces mots, entre ces salutations, le souvenir secret, mon souvenir et cette odeur de larmes, d'ennui et de lâcheté envers le sort. Je l'ai retrouvée: je n'en étais pas assez ivre, je m'en suis enivré, tout à fait. Tu te glissais entre des chaises, tu t'occupais d'hommes et de femmes, et, bousculant ces hommes et ces femmes, bousculant la fête de ma fièvre et de mon horreur, de mon ivresse obstinée, de mon désir d'ivresse, impatient et alangui, farouche, je restais sur toi, happant férocement une indécise tristesse, une nuance de résignation, de révolte et de trouble espérance, un lointain d'élégie—qui n'étaient pas à toi.

Et la fête se lâcha sur nous. Un tourbillon de plaisanteries, comme une pluie de cendres, s'élança, valsa, éclata devant ma douleur et ce fut le brouhaha galant, le tumulte discret des causeries mondaines: on m'avait volé mon dolent et cher souvenir.

Chérie, chérie, ne m'abandonne pas ainsi: je n'ai pas peuplé de toi ce salon trop plein, je ne t'ai pas assise sur une de ces chaises légères, je ne t'ai pas fait sourire aux endroits plaisants: je me suis reculé, je me suis hissé jusqu'à toi, là-bas, là-bas, et tu me laisses retomber, perdre pied de plus en plus et m'enfoncer en ce monde, en cette molle et grouillante foule qui parle, qui écoute, qui pense même—et qui n'est pas triste, en ce moutonnement de rires, en cette fuite de sourires, en ce néant joyeux, écrasant, absorbant.

Chérie, chérie, il y a ici des hommes de talent, et ils ont du talent—ici. Ils disent, ils échangent les plus belles choses du monde: ce sont des silences où l'on savoure et où l'on achève de comprendre, c'est l'essor des sous-entendus, des insinuations, puis tout à coup un mot qui sort tout armé, qui griffe, qui jaillit, qui éclaire, tout ce qu'on appelle feu d'artifice, joute oratoire, esprit français, tout ce dont on fait le délice.

Je sais, hélas! un mot qu'ils ne diront pas, un pauvre mot glacé et qui bat des ailes, un mot sans malice et sans éclat, un mot de banalité, un mot qu'ils ne ramasseraient même pas dans un petit bleu, le mot: «Chéri!» Mais ils ne sauraient pas le dire, Voix de salon, voix de théâtre, ce n'est pas la voix qu'il faut.

Un monsieur tout à l'heure, s'est épuisé en imitations, il nous a restitué en leur naturel, en leur emphase, les meilleurs de nos comédiens morts et les plus éternelles de nos comédiennes en vie: il ne t'a pas imitée, mon inimitable amante, il n'a pas imité ta voix profonde et secrète, ta voix de cœur, car il y a des voix de cœur, comme il y a des voix de tête—et ça ne s'imite pas.

Ah! c'eût été une profanation—et je la désire: entendre ta voix; entendre ta voix, chérie. Entendre ce mot, de ta bouche! Ah! qu'on me le donne, qu'on me le jette, qu'on m'en tue. Que le monsieur s'essaie à cette imitation. Un mot à dire, ce n'est pourtant pas difficile?

Mais n'y pensons plus: d'ailleurs on n'imite plus, on ne dit plus.

On parle. Ce sont des groupes rapides, des groupes sympathiques et ce sont, lâchées d'on ne sait où, envahissantes, agressives, des jeunes filles.

Elles sont charmantes, naturellement, et fraîches et franches. Elles se laissent regarder et regardent. Et elles savent tout, en outre. Elles m'assiègent, me cernent—pourquoi? Parce que je suis du souvenir, du rêve, de l'horreur, qu'elles le sentent, de leur instinct flaireur et déterreur, et qu'elles veulent y remédier, de leur médiocrité.

Autour de moi, Ahasvérus Canette effleure savamment la jalousie d'Alice, en prenant des airs penchés avec une adolescente dont, aujourd'hui, c'est le jour de sortie du Conservatoire. Et, farouche admirateur du dos d'une lente vierge, ce petit satyre de Capry le fixe, mais ne pouvant le fixer en face décemment, il troue la poitrine devant laquelle il s'est situé, pour atteindre ce dos, pour se tapir en ce dos, pour s'en enivrer et s'y perdre. Il le désire, il le possède, et c'est, en cette nuit qui s'achève, une atmosphère de volupté mondaine, de volupté immonde, courte, dépravée, à fleur de corsage décolleté en pointe—et j'ai à me lamenter là-dedans, à me désespérer en ce décor!

Et j'ai des jeunes filles autour de moi qui me grignotent vivant, qui me dévorent, qui parlent littérature et sentiment.

Je suis malade! je souffre et ce n'est pas d'elles que je souffre! je me souviens pour ne pas les regarder. Et j'ai aimé, j'aime d'un amour qui n'est pas de leur monde. Elles s'emparent de moi, prennent livraison de moi, s'offrent mes grimaces de douleur, mes étouffements, mon silence même qu'elles violent, auquel elles arrachent des mots. Et elles me tirent des généralités, des banalités, me font faire effort, me mettent en peine, me chassent de mon amour et de moi. Elles continuent avec moi des conversations qui s'engagèrent l'année dernière, et affectent de me croire le cœur de les terminer, comme au temps où je n'avais pas de cœur.

Et elles me gardent jalousement, en ce coin, lourd et glauque de vie, avide de nuit, elles contraignent mon immense désespoir, ma souffrance immense, mon immense besoin de solitude, mon dialogue qui reprend avec celle dont je viens d'entendre le nom et dont j'ai été si loin chercher le souvenir, en une autre.

Et les voici qui parlent de celle-là même, sans savoir, par cet énorme instinct de mal faire et de faire mal.

«Et votre pâle fiancée?» m'a demandé tout à coup une fille dont j'ignorerai toujours le nom. «Vous pensez encore à votre pâle fiancée?»

J'ai le regard du vaincu qui se relève pour mourir et je me suis levé en effet, crevant de douleur et de douceur, et, pour ne plus penser à ces jeunes filles, mettant en un mot toute la méchanceté que je n'ai pas, la blessant, l'apeurant cruellement, vulgairement: «Mademoiselle, dis-je, il ne faut jamais parler d'elle. Ça porte malheur.»

Et les jeunes filles songent, en sang, à des fiancés inconnus, les cherchent en cette salle, vont à Canette, à Capry, à d'autres, cependant que, délivré des bêtes, je m'en vais agoniser à ma guise, prisonnier de l'ombre chérie et prisonnier de la petite ombre qui me crispe et qui me sourit.

VII

L'APPRENTISSAGE DE LA MORT

Quand j'avais faim, jadis, il n'y a pas si longtemps, des gens, m'ont dit: «On ne meurt pas de faim». Je ne suis pas mort parce que, toujours, j'ai écouté ce qu'on m'a dit. Aujourd'hui et hier, les gens m'ont dit: «On ne meurt pas d'amour.»

Et je ne meurs pas. Mais vraiment, ça y ressemble.

Je dois en mon sommeil renouer violemment des relations avec la souffrance et je me réveille avec, au coin des lèvres, des fragments de dialogues qui ne furent pas, avec, aux coins des yeux, des morceaux de paysages que je ne vis pas, mal dégagé d'un suaire d'horreur et de la peau d'un autre être qui serait mal revenu des pays lointains, des enfers et du fond des lacs de cauchemars.

Et, dès mon réveil, je me mets à être malade.

C'est l'impression que j'ai tout le corps roidi mais d'une mauvaise roideur, molle, si j'ose dire, et cassante et d'une lassitude et d'une inconsistance! C'est non une pointe au cœur mais le cœur hérissé de pointes, hérissé, sans plus, saignant de petits filets de sang et zigzaguant, se noyant en une mer soudaine de larmes et ne voulant pas sombrer.

Je me rappelle une chronique de M. de Stendhal où des assassins tuant sans amour d'ailleurs et longuement une triste veuve, lui demandent naïvement à chaque coup de poignard si le cœur est atteint.

J'ai ces poignards-là dans le cœur. Ils me demandent eux-mêmes, car les poignards parlent le matin, s'ils touchent le cœur. Et, ça dure, ça dure.

A des moments, tout de même, je crois que je vais mourir, enfin.

Mais mon cœur fait le mort, simplement, puis s'éveille peu à peu, bâille, bée et recommence à saigner et à souffrir mille morts: je ne lui en veux pas de sa coquetterie dans l'agonie: il a mal, comme moi. Et rauques, des pensées, des souvenirs, des gémissements rôdent autour.

Vous savez comment ça s'appelle: ça s'appelle la folie.

Ça consiste en des idées fixes autour d'une idée fixe—ou d'une image. Ce sont d'ailleurs des idées fixes qui bougent, qui dansent, c'est une ronde, une sarabande d'idées fixes, des mots qui reviennent, qui se suivent et qui m'étouffent en ma chambre trop étroite, et, au milieu, au bord, un élan vers mon épée qui sommeille toute droite et grave et qui se laisse regarder quand je la regarde, sans me donner un conseil et sans me déconseiller.

Et, en ce cauchemar, c'est, comme un vomissement, des larmes qui s'arrêtent, qui me brouillent les yeux et qui refusent de jaillir.

Je pleure en dedans.

D'ailleurs, je me suis réfugié, je me suis terré en moi-même.

Et je suis secret même pour moi. Je ne parle plus, je ne pense même plus, je suis le sarcophage désolé de moi-même.

Et toi, chérie, je ne pense plus à toi. Je ne puis me représenter ton visage, tes traits, tes cheveux.

Je t'ai en moi, si profondément! Je t'ai en moi! Je t'ai en moi! Et, tous deux, dans le mystère de mon enveloppe terrestre, en dedans, nous nous aimons, nous nous aimons, chérie, et si ingénieusement que je n'en sais rien.

Et c'est la fatigue, non l'absence, qui me tue.

Quoi qu'il en soit, je meurs,—et je meurs debout. Car je me lève et je vais par les rues et je m'enferme en mon bar ordinaire où passent de gentils camarades et des indifférents et des ennemis mais moins, parce qu'il fait chaud et que peu de gens sont encore à Paris. Pour mourir debout, je me couche sur un canapé et je m'évertue à ne pas penser, à m'anéantir, pour ne pas mourir de penser, de me souvenir et de rêver. Cette phrase peut ne pas paraître claire mais ce n'est pas ma faute, c'est la logique coutumière des hommes, ce sont les habitudes de souffrance et les principes de guérison.

Toute la médecine est en cette plaisanterie (une plaisanterie dantesque) d'Ugolin mangeant ses enfants pour leur conserver un père. De même les agonisants affectent de ne pas se fatiguer pour avoir à se fatiguer ensuite et d'oublier leurs méninges, pour les retrouver, avec des béquilles, à l'heure pâle de la convalescence.

Aujourd'hui je suis plus malade. Voici dix ou douze jours atroces qui furent pour moi, l'un après l'autre, un néant épuisant, un néant évidé, une chaîne de néant, étroite. J'ai attendu le dimanche avec toute l'impatience que me permettaient ces jours affreux.

J'ai encore la superstition du temps, des changements de lune et des retours de semaine. Dimanche, c'était un cycle nouveau, une ère qui s'ouvrait. Ça a été le digne couronnement d'une semaine infâme. Et ça recommence ce lundi où, mourant, hâve, tragique, je descends les escaliers d'un omnibus, comme jadis on descendit du pilori.

Je tombe sur Ahasvérus Canette.

Il me tend sa lente main, s'informe de ma santé!—ma santé,—m'interdit d'être malade, d'une voix qui ronronne et m'ordonne de l'inviter à déjeuner, moyennant quoi il me donnera une bonne nouvelle.

Une bonne nouvelle! Ce diable de Canette ne sera jamais sérieux. Est-ce que j'ai la tête d'un homme à qui on apporte une bonne nouvelle! La nouvelle est en retard, vieux!

Mais je l'invite à déjeuner tout de même. De nous deux, il y en aura, de la sorte, un qui mangera.

Et le cynisme de Canette est charmant. Il a été celui qui, sans raison, sans intimité, débarquait dans ma vie en grosses bottes d'importun, pour me demander sans préambule, des affiches illustrées pour son sergent quant il était soldat et des billets de théâtres, à tous les moments de son existence. Et, saluons la bienveillance des dieux: ces affiches, ces billets qu'on m'eût impitoyablement refusés si je les avais demandés pour moi, on me les accordait pour Canette, d'enthousiasme, par prédestination. Voici que Canette s'est dérangé de son bonheur; il est très fier, un peu attendri de sa promenade de pitié et il me considère, de sa face ronde, de son teint mat et bien reposé, de son appétit, de son soin d'ensemble d'amant en exercice et m'objurgue, la bouche pleine:

—Guérissez, ça n'a pas de bon sens de se crever comme ça.

Je ne me crève pas, je crève: c'est plus facile.

Il me faut aller voir Alice qui a quelque chose à me dire. C'est vague et c'est un voyage—et c'est un spectacle dont je me passerais.

Car voici des mois que, douloureusement et, après tout, involontairement, j'ai passé à épurer mon amour.

Mon amour s'est dépouillé de tout ce qui pouvait, je ne dirai pas le souiller, mais l'alourdir: il est rare, il est sans date, sans âge, sans époque, saint. Je l'ai reculé de mon vide—en amour l'absence, comme les campagnes, compte double—jusqu'aux siècles et jusqu'aux infinis préséculaires où l'on aimait, sans savoir, avant de savoir ce qu'était la vie, où l'on aimait dans le chaos, avant la création, avant Dieu.

Et Alice, c'est l'humanité, la mauvaise humanité de Claire. C'est l'histoire après la légende, la caricature de l'histoire après l'épopée, le procès-verbal après l'hymne. Alice, c'est le pendant raté d'un tableau sublime, la sœur qui a mal tourné—avant, la compagne de chaîne qu'on retrouve dans les romans, après qu'on a oublié le bagne dans toutes les splendeurs, tous les triomphes et toutes les vertus. Elle me fera toucher du doigt la terre perdue alors que je suis déjà dans la terre promise et elle me chassera de mon ciel amer sans me rendre le délice aboli.

Truchement menteur malgré soi, traducteur infidèle à son serment et à son assermentement, par habitude, héraut qui parle en latin de cuisine—ou d'alcôve. Oui, je sais, j'ai tort. C'est un oiseau, c'est un enfant et elle a des yeux de vierge. Trop blonde d'ailleurs pour être responsable et trop fine; martyre de vitrail qui marcherait,—mais elle marche.

Et j'aime être seul comme je suis seul maintenant: il n'y a qu'Ahasvérus Canette en face de moi. «Allez-y, continue l'intéressant jeune homme, vous ne vous en repentirez pas.» Il se passe la langue sur les lèvres, un peu parce qu'il vient de boire—et pour se représenter ma joie et mon émotion. Mais il ne peut me donner d'éclaircissement. Il ne sait pas. Il saurait que ce serait la même chose: il vend du mystère.

Mais à mon tour, je l'objurgue. Je ne sais pas si je vivrai encore demain: qu'il vienne ce soir me dire de quoi il s'agit.

Il promet et va à ses affaires, je veux dire à ses amours en me contraignant,—ou presque,—à l'accompagner, oh! pas jusqu'au bout: deux ou trois rues seulement.

J'aime mieux l'attendre. J'attends. Pourquoi? Parce que j'ai peur de moi, de la violence, de la sérénité, de la divinité de mon amour.

Ces nouvelles l'assagiront, jetteront sur sa haute flamme l'eau du Simoïs, qui n'est que nostalgique et qui coule encore entre les terres.

J'attends, car le moindre défaut de M. Canette est de se faire attendre: on met sa coquetterie, sa vanité, son ambition où l'on peut. Il y a même des pays spéciaux et personnels, si ce mot est décent en parlant de M. Canette, où M. Canette se retire pour attendre, attendre qu'on l'ait assez attendu, trop attendu, partout à la fois, pour attendre qu'on l'ait assez désiré, qu'on ait assez désespéré de lui, qu'on en ait fait son deuil, mais un grand deuil, car il faut bien que M. Canette attende, lui aussi comme tout le monde.

Et c'est une raison de ses succès mondains. Du reste, généralement, il se contente de ne pas venir du tout, de faire banqueroute à ses promesses, aux songes qu'on a échafaudés fragilement sur son arrivée et de s'avancer dans le paysage qu'il a déçu, un soir par hasard, sans remords, sans une ironie trop grossière, en enfant mal élevé et gâté qu'il s'obstine laborieusement à paraître, à revêtir de son monocle, de son embonpoint relatif, et de ses longs cheveux roux plantés bas sur le front auguste du roi Bomba lui-même.

C'est sur le coup de dix heures et demie qu'étant descendu de ma place au bureau du contrôleur par fatalité, dans le petit théâtre où j'écoutais plus ou moins la petite tragédie d'un petit poète que M. Ahasvérus Canette,—il a repris son nom d'Ahasvérus à cause de sa littérature et des revues jeunes où il collabore—a empli mon horizon de son gilet de combat, bleu azur moiré de reflets mauves, de son monocle et de sa visible et parfaite tranquillité d'âme.

«J'ai un service à vous demander», m'a-t-il coulé à brûle-pourpoint, après avoir pris la peine de me présenter—c'est moi qu'il présente—à un petit garçon de seize ans, borgne, qui dirige un organe d'éthique bi-mensuel à Loudéac (Côtes-du-Nord), un des piliers nomades de la décentralisation morale.

Moi je veux bien. Mais un service à lui rendre! Encore!

—Voilà, articule-t-il (il devrait dire: Voici). Il est toujours entendu que vous allez demain chez Alice à deux heures et demie. Allez-y à deux heures moins le quart parce que moi, je l'attends à deux heures et demie.

—C'est que, dis-je, j'ai invité à déjeuner votre ami Capry.

—Ah! débarrassez-vous de ce raseur de Capry! Et puis allez-y à deux heures moins le quart, voilà.

Il s'est exprimé avec la rondeur qu'il met en toutes choses. Il a parlé haut, en homme qui porte la tête haute et ferme.

Mais il y a temps pour tout. Il a eu tort de ponctuer sa phrase et d'enfoncer violemment son «Voilà», puisque nous sommes en un escalier de théâtre. C'est tout de suite un scandale où il convie des ouvreuses et des contrôleurs. Il insiste devant toute cette troupe. «Si vous y allez après deux heures moins le quart elle ne vous recevra pas.» Je ne puis le suivre sur ce terrain: mon amour crié dans ce théâtre, mon amour amusement pour ouvreuses, c'est tout de même un malheur qui passe mon espérance.

Je m'en vais, mon amour gargouillant en moi, me faisant trébucher, zigzaguant en mon ventre, à vide. Et Ahasvérus me rejoint; je l'écarte. Alors, pour le plaisir, il m'injurie:

—Vous êtes une canaille, un homme dangereux... Je ne vous ai jamais fait que du bien. Mais vous allez voir.

Je fuis, j'ai trop envie de pleurer. Et vraiment, c'est bien fait pour moi. Pourquoi suis-je sorti de chez moi? pourquoi suis-je sorti de mon mal? J'ai si mal et j'ai mal d'une façon si nouvelle, où il y a du mal pour tout moi, pour toutes les parties de mon corps, et pour mon âme!

J'ai ton image, chérie, qui se taille en mon cœur, dans du sang, à vif, j'ai tes mots anciens qui me brûlent la gorge, j'ai tes baisers d'hier, d'hier, n'est-ce pas? qui me déchirent la lèvre, j'ai mes conversations secrètes avec toi, qui m'ouvrent toutes grandes les portes de l'au-delà et j'ai la douceur de mourir pour toi, pour te montrer que jamais je ne serai à une autre. Et je meurs aussi de cette chose qui est de toi, qui grandit maintenant et bientôt sera presque de l'existence, j'en meurs douloureusement, et j'espère que c'est autant de douleurs de moins pour toi.

Si Ahasvérus savait combien la privation qu'il m'a infligée me prive peu! S'il savait combien m'indiffère cette pauvre Alice et combien ma pitié pour elle est lointaine! Et si les gens qui trouvent que je baisse, qui s'étonnent et qui en sont heureux, savaient combien ils m'amusent!

Je ne me tuerai pas, je mourrai, je le sens, oui, je le sens, je mourrai le jour de la naissance de l'enfant, de celui que j'appelle l'Enfant avec un grand E et qui me tient, le fixant de mes yeux hagards, comme si je considérais un Dieu et l'univers même.

Et—c'est la folie—je pense au général Bugeaud qui annonça par un coup de canon la naissance du pauvre enfant de la duchesse de Berry. Il lui fallut tirer un coup de pistolet et entendre bien des coups de canon, bien loin, sur les Arabes, pour oublier ce coup de canon-là, Ma mort sera-t-elle mon coup de canon moral. Voici que je ne veux plus mourir! Mais comment vivre? je ne suis même pas dégoûté de la vie, je n'y crois plus.

Et je ne connais plus que l'immense souffrance, maligne église qui enserre le monde: elle ne garde pas de fidèles et n'a pour prêtres que des infirmiers et des sœurs converses qui montent au ciel par l'escalier de service.

VIII

LA FIN

...Voici que je meurs.

On ne sait pas que je meurs.

Et comment le saurait-on? Je me suis terré ici, en notre chambre, pour souffrir et pour mourir.

Et ça n'est pas un événement.

Personne n'est à mon chevet pour me verser le subtil élixir d'un sourire ou pour m'offrir encore un reflet, un regain de vie en la caresse d'un regard aimant. C'est que ma concierge se promène puisque c'est dimanche et c'est aussi que, loin, je ne sais où, ignorante et insoucieuse de mon angoisse, une frêle créature, alitée elle aussi, souffre comme moi, halète comme moi, est presque aussi pâle et plus en sueur que moi, parmi un concours de médecins et d'amis, devant le monde entier, et que, de sa souffrance, de sa pâleur, de sa sueur, une existence va naître.

D'elle!

Et moi? Moi, je suis le père. Je ne suis que le père. Et je n'ai pas le droit d'être le père. Je meurs d'avoir créé, je meurs d'avoir aimé, je meurs sans avoir revu mon adorée, je meurs sans voir cet enfant, d'avoir trop pensé à cet enfant, à mon enfant, d'avoir voulu lui donner, lui infuser parmi la ténèbre du non-être et de la gestation, mon sang et mon âme, mes rêves—déjà—et mes désirs; je meurs d'avoir senti trop profondément que je faisais, que j'avais fait de la vie, je meurs parce que mon enfant va naître.

Je n'ai pu te donner mon nom, je te donne mon âme et ma vie, en mieux, en tout neuf.

Et je ne suis pas assez riche pour faire le cadeau d'un enfant à quelqu'un.

Je le laisse après moi comme je laisse mon amour.

Et, pauvre enfant, voici que je m'attendris sur toi. Voici que, au moment suprême, qu'à ce moment si lent où, d'ordinaire, quand on pense encore et quand on a conscience de son état, on revit toutes les actions, toutes les hésitations et tous les instants de sa vie, au moment où on désespère et où on se repent, au moment où l'on aperçoit sa vie en vêtements blancs et noirs se pencher sur votre chevet comme sur un berceau, et baiser au front comme un tout petit enfant le pauvre mort qu'on est déjà, au moment où l'on sent cette vie frémissante s'éloigner de soi, s'en aller vers une autre enveloppe humaine, au moment où l'on se pleure, où l'on se hait, où l'on se regrette, je ne puis songer à moi, m'attrister sur moi et, de toutes les époques de mon existence, je ne me rappelle que ce qui se rapporte à toi, petit enfant, mon amour, la mort partout dans mon amour et la fatalité de mon amour, nos baisers, et, de tous ces baisers, j'en perçois un, énorme, au bord de mes lèvres, au bord de mon cœur, un baiser qui, si j'ose dire—et j'ose dire en ce moment suprême—m'enlace tout entier, me prend et m'enlève—m'enlève jusqu'au ciel ou jusqu'au gouffre infernal—et c'est le baiser dont tu nais, enfant, enfant, enfant!...

Et, en mes sommeils énormes, j'ai eu un rêve, une fois.

Je rêvais que je considérais un enfant comme le petit morceau de chair qu'on oublie, sans y attacher d'importance et qu'on retrouve accru par la grâce de Dieu et la grâce du temps, vivant juste assez pour vagir, je m'imaginais que tu viendrais sans hâte, que tu entrerais sans joie en ce monde et que j'irais à travers les rues et la vie, accompagné et suivi d'une foule d'enfants, patriarche au petit pied et en souliers vernis, ne goûtant de la paternité que les satisfactions honnêtes—et père jusqu'au point où ça me gênerait pour rentrer tard du cercle ou pour m'arrêter en des parties de baccara.

Et je rêvais—quelle ironie—que j'étais le mari de ta mère—et qu'elle était grosse.

Elle souffrait et je ne souffrais pas, elle souffrait solitaire et j'avais la petite vanité de l'homme qui s'affirme plus homme du fait qu'il a engendré un petit—comme une bête et que sa femelle le couve—douloureusement. Et je rêvai qu'un cri, un beau soir, un cri jaillissant de la bouche, du cœur, du ventre de *ma* femme un seul cri—mais quel cri!—me faisait sortir de mon indifférence, m'arrachait à ma vanité, me révélait ma paternité, me faisait père, exclusivement, férocement, si tendrement, jusqu'à la mort, cette mort, qui est là, qui s'impatiente, mais qui, courtoisement, attend la vie pour entrer en même temps qu'elle.

Ah! ce cri! Etait-ce toi, triste créature, qui le poussais en la nature et l'au-delà? Je ne sais pas! Mais que le cœur humain est peu de chose! que la vie humaine est peu de chose, qui tient à un cri. J'avais bien dîné dans mon rêve, je n'avais pas de nausées, moi, je n'avais pas mal à l'estomac comme ma pauvre femme, je rentrais en chantant un refrain en vogue, et j'avais, pour égayer un peu la malade, pour apaiser ses troubles entrailles, quelques plaisanteries toutes fraîches, quelques scandales, et cette menue monnaie de l'indifférence, des baisers.

Pâle, sinistre, grandie de toute l'angoisse et de tout l'émoi des gestations, tragique et lyrique, portant les mondes et toutes les épopées, tous les mystères et tous les crimes en son ventre, elle me recevait comme on reçoit un étranger dont on ne comprend pas la langue, un homme qui n'est pas du pays de

Souffrance. Doucement elle me demandait: «D'où viens-tu, mon ami? Je crois qu'il est tard.—Tu crois, lui répondais-je. Tu ne sais donc pas, tu ne sais pas l'heure?—Non», fit-elle, simple. Je cherchais son regard. Je ne le trouvais pas. Elle regardait en dedans, la prunelle conquise par l'immensité de ses entrailles, l'œil fixé sur cette heure qui tardait à sonner et qui, si grosse et si aiguë, semblait s'éloigner en l'ombre des avenirs. Puis elle devenait livide et je voyais passer sur son visage crispé une flamme d'enfer et d'apothéose, tandis que, de son âme et de son ventre, ce cri jaillissait qui venait me frapper en plein ventre, en pleine âme. C'était une révélation—et quelle révélation! un tourbillon, tout le monde dansant autour de moi, tous les remords s'enfonçant en moi. C'était un mal atroce de tout mon corps, mes chairs comprimées, broyées, comme élastiques, comme électriques, une morsure, un coup de massue.

Je tombai.

Quel rêve! je tombai vraiment! Il paraît que je ne souffrais pas assez.

Je ne me relevai pas depuis. Je me réveillai lentement—oh! bien lentement, et sans sursaut dans mon lit, avec des linges glacés au front. Des gens, à mon chevet, me pressaient la main, et peu à peu j'entendis que j'étais malade. On parla vaguement de troubles cérébraux, de folie, d'hystérie même, que sais-je! Je sentis seulement que j'étais plus malade, très malade—et j'en fus très heureux. Les souffrances de la paternité!

Les imbéciles qui localisaient, qui bernaient ma géhenne, qui ne me croyaient que le cerveau atteint. Plus bas! regardez plus bas! pauvres gens! regardez au ventre! et ne regardez nulle part ou partout, c'est de partout que je suis faible, c'est de là, partout, que la vie me fuit, puisqu'elle s'en va vers celui que j'ai engendré—et comme c'est juste. Eh! quoi, la mère souffrira et souffrira seule! Non! je souffre aussi, moi, le père! Et j'aurais eu peur, si j'avais souffert moins, que mon enfant ne fût moins mien, qu'il ne fût tout à sa mère—qui l'affirmait sien, de son pauvre ventre que je ne voyais pas et de ses pauvres cris que je n'entendais pas, de ses nausées, de ses dégoûts, de ses caprices douloureux et des éclairs froncés de son visage. Mais je souffrais aussi, moi.

Engourdissement, torpeur, faiblesse, douceur aussi et, en une débilité si grande, en une débilité exaspérée et chaque jour accrue, en une agonie progressive, une telle douceur, une telle tendresse, un tel délice!

En ma demi-somnolence, mes yeux ouverts, mes yeux que je sentais pâlis et agrandis, apercevaient d'éternels épithalames, le mariage incessant du néant et de la vie, l'annexion des limbes à la terre, du ciel au monde, une théorie infinie d'enfants, de sourires sur deux petits pieds hésitants, une théorie de héros aussi—c'est la même chose, les dieux et le bonheur en roses et en fleurs, et parmi tout cela, épars, lumineux et subtil comme une buée de soleil et d'or, partout perceptible, partout souriant, partout héroïque et partout invisible, mon enfant, mon enfant chéri qui me clouait à mon lit, à mon rêve, à sa gloire, j'eus bientôt le sentiment que je ne te verrais jamais, mon enfant. Et c'étaient aussi toutes les délices avec Claire, que nous avions goûtées et des délices nouvelles, de rêve et de ciel, tissées de nos souffrances, tout, tout—et l'éternité!

J'étais si faible! Et les hochements de tête du médecin qui, pour n'avoir pas l'air de rien comprendre à ma maladie, se faisait apitoyé et un peu méprisant, comme un homme de science doit l'être pour un dément, comme un homme qui guérit doit l'être pour un homme qui meurt. Mais en quoi un sourire de cet homme pouvait-il m'affecter, moi qui étais, à travers les temps, rivé à un sourire, à une extase? Et à mesure que la chère femme te sentait plus lourd, petit enfant, je me sentais plus léger, plus diaphane, plus inconsistant, je me sentais m'envoler, sans poids, comme les fantômes, les fantômes qui, de près et de loin, veillent sur ceux qu'ils ont chéris ou qu'ils ont voulu chérir.

Et voilà. Voilà le moment où tu viens—où je m'en vais, puisque j'ai obtenu de Dieu de faire passer en toi toute ma vie, voici l'heure où j'entre en toi profondément, facilement, comme la malheureuse, comme la bienheureuse toute petite chose que je suis devenu, voici le moment où je m'anéantis absolument, où les mots me manquent, où les idées, les sourires et les désirs se fondent pour moi en un lit, en un ciel de repos et de néant.

Tu vivras pour moi, petit enfant. Je te lègue la vie que je devais vivre, et je te lègue la vie que j'aurais voulu vivre, la beauté que j'aurais voulu rêver et que je ne pouvais même pas rêver, tant elle était belle. Je te lègue tout ce qui n'était pas à moi, et je te donne le monde, l'univers, avec ce qui me reste de mon être, ce que tu n'as pas encore pris, ce que tu prends en ce moment. Je te lègue tout—excepté mes ennemis.

Et je te lègue ta mère, et je te lègue notre amour qui fut beau, qui fut éternel en sa brièveté, et qui fut triste. Tu ne pourras jamais savoir cet amour et tu ignoreras mon nom. Mais, profondément, tu le sentiras tout entier et tu me sentiras en toi et tu me consoleras et je te guiderai.

Et, seul, petit enfant, je t'embrasse par-dessus la vie et la mort, et je meurs heureux, les yeux pris par la vie, pris tout entier par ta vie, par la vie sublime, par la vie. Un cri encore: le tien, le mien, cri de naissance, cri d'agonie. Ah! vis, mon fils, mon fils, je meurs: vis!

Et toi, Claire! Claire!...

FIN

Milton Keynes UK
Ingram Content Group UK Ltd.
UKHW010708240424
441619UK00004B/363